中小企业竞争情报
服务体系构建研究

彭玉芳 著

南京大学出版社

图书在版编目(CIP)数据

中小企业竞争情报服务体系构建研究 / 彭玉芳著.

南京 ：南京大学出版社，2025.5. -- ISBN 978-7-305
-28785-5

Ⅰ.F276.3

中国国家版本馆 CIP 数据核字第 20256GE427 号

出版发行　南京大学出版社

社　　址　南京市汉口路 22 号　　　　邮　　编　210093

书　　名　**中小企业竞争情报服务体系构建研究**
　　　　　ZHONG-XIAO QIYE JINGZHENG QINGBAO FUWU TIXI GOUJIAN YANJIU

著　　者　彭玉芳

责任编辑　张倩倩

照　　排　南京开卷文化传媒有限公司

印　　刷　江苏凤凰数码印务有限公司

开　　本　718 mm×1000 mm　1/16　印张 10.25　字数 136 千

版　　次　2025 年 5 月第 1 版　　　2025 年 5 月第 1 次印刷

ISBN　978-7-305-28785-5

定　　价　42.80 元

网　　址：http://www.njupco.com

官方微博：http://weibo.com/njupco

微信服务号：njutumu

销售咨询热线：(025)83594756

推荐序一

作者彭玉芳是我于 2011 年在吉林大学图书情报专业指导的硕士研究生。在攻读硕士学位期间，她对竞争情报领域表现出浓厚的研究兴趣，并系统地钻研了竞争情报相关的理论与方法。经过多年潜心探索，她在竞争情报领域，尤其是中小企业竞争情报方向，取得了一系列具有重要学术价值的研究成果。这些成果先后发表于《情报理论与实践》《情报科学》等多个中文核心期刊，并获得了学界的广泛认可与频繁引用。尽管相关研究成果多发表于 2015 年以前，但由于其理论体系严谨扎实、结构完整，充分继承了情报学经典理论框架，因而即便在当下的学术研究和企业实践中，仍然具有突出的理论指导意义与现实应用价值。

当今经济全球化、信息化进程迅猛发展，企业生存环境愈发复杂，竞争压力空前激烈。特别是中小企业，普遍存在资源有限、技术基础薄弱、管理水平亟待提升等现实困境，如何在激烈市场竞争中有效立足、发展壮大，成为关乎中小企业乃至区域经济发展的核心命题。正是在这一时代背景和现实需求下，《中小企业竞争情报服务体系构建研究》一书应运而生，从理论构建到体系设计，从模块运行到效果评估，系统地提出了一套完整且具有高度可操作性的中小企业竞争情报服务体系。

本书深入阐述了中小企业竞争情报服务体系建设的必要性和可行性，从体系构成要素、功能模块、运作模式到评价体系等多维度展开了细致的分析与论述。作者创造性地提出以宏观、中观、微观三个层面有机结合的整体框架，并进一步分设竞争环境掌握、竞争对手控制、竞争策略运营三个功能模块，建立了清晰完整、相互呼应的服务体系架构。与此同时，作者巧妙地构建了科学、系统、动态的钟摆运作模式、金字塔运作模式、生态运作模式、虚拟运作模式等情报服务体系运作模式，并提出了以蛙跳模式为代表的适应大数据环境下的竞争情报创新模型，增强了本书体系的前瞻性与适应性。

本书另一个突出的贡献在于对竞争情报服务体系评价指标的深入研究。作者在书中建立了成熟度测度模型和评价指标体系，为中小企业竞争情报服务体系的运行监测与动态优化提供了可量化、可操作的标准和路径。这不仅为企业实践提供了有效的决策参考依据，也为地方政府政策制定和产业服务体系优化提供了重要支撑，体现了极强的现实应用价值和推广前景。

中小企业竞争情报服务体系的构建是一项复杂而系统的工程，本书提出的体系框架多维度、多层次，涵盖环境分析、竞争对手分析与战略运营等企业决策全链条，能够有效提高中小企业的市场洞察力、风险控制能力和战略决策水平。这套服务体系的有效实施，必将为中小企业的发展带来新的转机，帮助企业适应信息化发展趋势，提升市场竞争力，实现高质量发展。正因如此，本书不仅是一部结构清晰、理论严谨的学术专著，更是一份为广大中小企业量身定制的智囊型实践报告。

值得一提的是，彭玉芳博士并未止步于已有的研究成果，近年来她已在人工智能技术驱动下启动了中小企业竞争情报服务体系的智能化、自动化与可持续演化路径的深入研究。未来，她将继续立足于人工智能、大数据分析等前沿技术，进一步扩展竞争情报服务体系的研究内涵和技术边界。本书的出版，不仅为过去的研究成果进行系统梳理和有效总结，也为新时期、新技术条件下竞争情报研究的后续发展奠定了坚实基础。

综上所述，我深信，《中小企业竞争情报服务体系构建研究》的出版，将为情报学、信息管理学、中小企业研究、地方政府政策制定者及产业经济相关研究者提供重要的理论借鉴和实践指导。它不仅能为广大读者提供严谨、丰富的学术启迪，更能为现实的企业经营和地方经济发展带来具体、实用的参考价值。

作为作者的硕士生导师，我感到欣慰与自豪，并郑重地向学术界、企业界和政府部门的读者推荐这本著作，相信诸位读者在阅读后必能从中获得重要的理论启发与实践助益。

吉林大学商学与管理学院　郑峰

2025 年 4 月 6 日

推荐序二

近年来，随着数字经济的迅猛发展和全球市场竞争的加剧，中小企业在国家产业链和创新链中的地位日益凸显。然而，中小企业在发展过程中面临着外部竞争环境日趋复杂、内部资源相对有限的挑战，特别是在竞争情报的获取、分析与利用方面存在明显短板。如何帮助中小企业构建科学、系统、高效的竞争情报服务体系，已成为促进其持续发展、增强战略决策能力的一项重要课题。

《中小企业竞争情报服务体系构建研究》一书的出版可谓恰逢其时。作为一家长期致力于推动我国竞争情报研究与应用的专业机构，北京中兴新景信息技术研究院（China Institute of Competitive Intelligence，CICI）深知"理论引领实践、实践检验理论"的重要性。自 2002 年成立以来，CICI 始终秉持"为决策赋能，为发展护航"的宗旨，持续为政府部门、产业园区和行业龙头企业提供精准的情报支持。截至目前，我们已累计组织各类竞争情报培训与咨询活动 500 余场，服务领域覆盖汽车、能源、电子、医药、金融、互联网等多个关键行业。多年的实践使我们深切体会到，构建面向中小企业的竞争情报服务体系不仅是学术上的探索课题，更是现实中亟待落实的实践任务。

本书作者长期从事情报学与中小企业管理研究，具有扎实的理论功底和敏锐的实践视角。全书从竞争情报服务体系的系统结构、功能模块、运作机制、成熟度评估等多个维度进行了系统阐述。尤其难能可贵的是，作者提出了宏观—中观—微观三层次的情报服务体系架构，层次清晰、结构合理，具有很强的可操作性和推广价值。此外，本书各章节内容均曾发表于中文核心期刊，虽多数完成于2015年之前，但由于基于情报学的经典理论体系，其理论架构与实践指导意义至今仍然适用。这种源于经典又富于创新的研究路径，为中小企业竞争情报服务体系的研究和建设奠定了坚实基础。

值得指出的是，随着人工智能、大数据、知识图谱、虚拟现实等技术的蓬勃兴起，竞争情报的内涵、边界和工具体系也在不断拓展升级。未来，中小企业的竞争情报服务体系必将迈向平台化、智能化、融合化的新阶段。本书在情报服务模式设计中提出的钟摆运作模式、金字塔运作模式、生态运作模式、虚拟运作模式等构想，为智能化情报服务提供了理论支撑和模型，体现出高度的前瞻性和引领意义。

作为在竞争情报领域深耕多年的实践者，我深知真正能够指导企业实践、服务战略决策的情报体系绝非一日之功——它需要理论沉淀、方法检验与技术创新的持续融合。本书既彰显了作者深厚的理论造诣，也展现了其对我国中小企业现实需求的深刻洞察。可以说，这是一部将理论思辨与实践探索融为一体的专业著作，对广大中小企业管理者、地方园区服务机构、政策制定者以及竞争情报从业人员都具有极强的启发性和实用价值。

在此，我谨代表CICI，郑重向政府相关部门、行业协会、各类企业智库和服务机构以及广大中小企业推荐本书。相信该书的出版不仅将有力推动中小企业竞争情报体系建设的科学化、系统化、智能化进程，也必将为中国竞争情报事业的发展注入新的活力。我们期待在本书的再版中，能够融入更多新的情报理念，并借助人工智能进一步赋能中小企业的竞争与发展。

北京中兴新景信息技术研究院

China Institute of Competitive Intelligence（CICI）

行政总裁

2025 年 4 月 8 日

前　言

　　国内外对竞争情报的研究日益成熟，无论从理论角度研究还是从实际应用角度，都突出竞争情报的重要地位，尤其是对于企业。面对浩如烟海的情报信息，如何挖掘出最有价值的情报信息是企业发展的动力。中小企业由于自身条件限制，没有足够的资金支持，也没有强大的技术支撑，更没有庞大的组织体系，中小企业要想在激烈的市场竞争中占得一席之地必须有具有自己特色的决策方案。中小企业竞争情报服务体系就是针对中小企业需求以及应对目前竞争状况而构建的一个服务体系。通过构建系统化的竞争情报体系，中小企业可有效提升战略决策能力与市场研判能力，精准对接企业发展的动态化信息需求。

　　信息技术逐渐主导了整个市场经济的发展，加快了企业转型的步伐。面对这变化万千的竞争环境，中小企业的发展面临各种压力，在急剧膨胀的信息时代，需要中小企业能快速适应信息化进程，融入信息发展行列。

　　国内外对竞争情报的研究日益成熟，无论从理论还是实际应用，对竞争情报的研究都有很大突破。尤其是咨询业的迅猛发展，给竞争情报的研究创造良好机遇。美国、日本等情报大国对竞争情报服务体系的研究也逐渐成熟。例如日本对企业竞争情报系统的研究侧重实践应用研究。美国对企业竞争情报服务体系研究主要是在信息服务体系、技术服务体系、管理咨询服务体系等方面。我国对竞争情报体系的研究大多还是处于理论层面，实际应用还欠缺，很多研究处于初级阶段，与发达国家相比仍存在一定的差距，但国内对竞争情报的关注度明显提升，并且逐渐与互联网融合，产生新的研究领域，例如信息生态学、云信息处理等。

《中小企业竞争情报服务体系构建研究》一书从理论层面阐述中小企业竞争情报服务体系建设的必要性及可行性，重点分析了其构成要素，从功能角度分析了中小企业竞争情报服务体系的构成。本书运用文献调研法分析中小企业竞争情报服务体系国内外研究现状；通过系统分析法解析中小企业竞争情报服务体系的构成要素及构建层面，整个服务体系是基于地方政府的指导，根据各个组织部门与政府关系的远近及与中小企业的亲密性，分别从宏观层面、中观层面及微观层面构建中小企业竞争情报服务体系，并根据竞争情报分析三要素（竞争环境、竞争对手及竞争策略）把整个服务体系分成三个功能模块，分别是竞争环境掌握模块、竞争对手控制模块及竞争策略运营模块，详细阐述各个层面的服务体系的组成，最后分析各个层面间如何运行，即相互间的运作关系，并利用科学抽象法描述了中小企业竞争情报服务体系的运作模式，本书基于金字塔运作模式、钟摆运作模式、生态运作模式及虚拟运作模式来构建一个综合性的运作体制，详细描述各个运作模式的运作程序，以及分析相互间的关系。本书第7章阐述中小企业竞争情报服务体系评价指标建立的原则、模型构建及指标体系等，这章在本书至关重要，一个好的运作体系需要不停地完善，其完善需要一定的标准，这需要建立相应的评价指标，阶段性地分析评价各个指标的变动情况并及时做出反应。这是中小企业竞争情报服务体系能够实现其功能的标准。本书可以为中小企业的战略决策提供充足的信息资源，为中小企业的发展打开新的视野，提供崭新的发展方向。

通过《中小企业竞争情报服务体系构建研究》的分析，我们可知：首先，中小企业竞争情报服务体系须在地方政府的强大支撑下进行，地方政府的强制性保护措施是服务体系能够良好运行的保障；其次，中小企业竞争情报服务体系各个层面的组织部门要依据科学的管理理论，不能搞经验主义，采用多样化、灵活性的管理方式，实现竞争情报服务体系的价值；最后，整个服务体系能长期运作与发展须建立科学合理可行的评价指标，竞争情报服务体系指标的建立是可变动的，指标间是相互联系的。

本书付梓之际，首先谨向我的硕士生导师郑荣教授、张海涛教授致以由衷的感谢。感谢他们长期以来给予的鼓励、关怀和悉心指导。从他们身上，我深刻体会到了严谨治学的态度、不懈钻研的科研精神。在本书的修改与完善过程中，我也得到了其他诸多师友的鼎力支持和帮助，特此向张泳、杨海平、王锰，以及 CICI 行政总裁陈伟等致以诚挚的感谢。他们提出了诸多宝贵的意见和建议，极大提升了本书的逻辑结构与论证水平。在此谨向所有为本书的学术构建、理论深化与成果出版提供支持的专家学者表示衷心感谢。

最后，向我的家人致以最深的感谢。感恩你们始终给予信任与支持，感激你们无微不至的关怀与默默无闻的付出，也感谢你们对我的无限包容。正是你们的温暖与鼓励，为我注入了源源不断的动力，让我的努力变得更加有意义。你们是我生命中最重要的支撑，也是我前行道路上最坚强的后盾。我会继续努力，不负期望。同时，我也想对自己说：宠辱不惊，戒骄戒躁，踏实勤奋，勇敢坚强，谦虚谨慎，乐观自信，不断追求更好的自己。在专业领域，我始终以一句话勉励自己："无理论不情报，无技术不情报。"　　〔本书作者作为 SCIP

（Strategic and competitive Intelligence Professionals，战略与竞争情报专业人士协会）会员，并收到 SCIP 团队分享的 2023 年和 2024 年国外竞争情报年会会议相关内容，具体请见附录。〕

本书受南京工程学院文科学术著作出版基金资助、受教育部人文社会科学基金青年项目资助、南京工程学院校级科研基金项目资助出版，具体是：2024 年南京工程学院文科学术著作出版资助项目"中小企业竞争情报服务体系构建研究"（项目编号：ZZLX202408）、2022 年教育部人文社会科学基金青年项目"基于多模态深度学习的细粒度南海疆证据资料抽取与分类研究"（项目编号：22YJC870012）、2022 年南京工程学院校级科研基金项目"南海维权证据链智能检索系统构建研究"（项目编号：YKJ202231）。本书为以上项目研究成果之一。同时，本书的正式出版离不开南京大学出版社相关工作人员的专业协作与大力支持。在此，谨向苗庆松老师等各位工作人员表示衷心感谢，感谢他们在本书出版过程中展现的严谨敬业精神、高效的工作作风以及对内容细节的悉心打磨。亦向所有参与本书的出版工作的同仁致以最诚挚的谢意。正是由于大家的共同努力，使本书得以高质量呈现于读者面前。

在今后的研究中我将继续关注该领域的理论演进与技术融合路径，深入探索基于 AI 驱动的中小企业竞争情报服务体系智能化研究。

在本书的编纂过程中，我虽力求内容的准确与全面，但由于本人学术水平和研究能力有限，难免会有疏漏与不足之处，尚祈各位专家学者批评指正，不吝赐教。您的每一条反馈都将有助于本研究成果在今后得以持续完善和拓展。

彭玉芳

2025 年 3 月 8 日于金陵天印湖畔

目　录

图目录

表 目 录

绪　论

1.1　研究背景及研究意义

1.1.1　研究背景

改革开放和市场经济促进了我国经济的高速发展，同时也催生出大量中小企业，这些中小企业已成为我国经济的重要组成部分。但随着经济的全球化和网络化，国际竞争环境与竞争模式复杂多变，快速而准确地获取竞争环境、竞争对手的信息和情报已成为中小企业应对激烈竞争的必然选择。超竞争环境①变化万千，对此谭（Tan）和利克尔特（Litschert）从威胁性②、复杂性③④及动态性⑤⑥进行了实证研究⑦，从中

①　周英，刘红光．超竞争环境下中小企业竞争情报系统构建［J］．图书馆学研究，2010（21）：35－38.

②　DESS G G, BEARD D W. Dimensions of Organizational Task Environments ［J］. Administrative Science Quarterly, 1984, 29 (1): 52－73.

③　THOMPSON J D. Organizations in Action: Social Science Bases of Administrative Theory ［M］. New York: McGraw-Hill, 1967.

④　CHILD J. Organization Structure, Environment and Performance: the Role of Strategic Choice ［J］. Sociology, 1972, 6 (1): 1－22.

⑤　MINTZBERG H. The Structuring of Organizations: A Synthesis of the Research ［M］. Englewood Cliffs, NJ: Prentice Hall, 1979.

⑥　MILES R E. & Snow, C. C. Organizational Strategy, Structure and Process ［M］. New York: McGraw-Hill, 1978.

⑦　JUSTIN J, ROBERT J. Environment-strategy relationship and its performance implications: An empirical study of the Chinese electronics industry ［J］. Strategic Management Journal, 1994, 15 (1): 1－20.

我们更能把握中小企业所处的严峻的竞争态势。我国中小企业对信息和情报有着迫切的需求，正如日本企业界所言：要想把握中小企业命运的主动权，必须及时获取有价值的情报信息①。但受限于自身能力和资源等条件，中小企业往往很难通过自身来满足情报需求，因此国家各级政府部门针对中小企业需求开展卓有成效的竞争情报供给与服务工作，将成为我国中小企业应对复杂国际竞争环境，并得以良性发展的重要支撑。

从竞争情报定义的角度分析，竞争情报（Competitive Intelligence）是关于竞争环境、竞争对手以及竞争策略的信息②。现阶段关于竞争情报在中小企业中的研究，大多都是基于理论视角，主要是基于理论层面阐述竞争情报与中小企业的关系，但很少把竞争情报与中小企业结合作为一个整体的研究对象。国外对竞争情报与中小企业结合的研究大多是从功能绩效角度的研究，把二者结合起来作为主要研究对象的研究还是不足的③。

鉴于上述形势，本研究已于前期构建了中小企业竞争情报服务体系，后期又在所提出的中小企业竞争情报服务体系的基础上，研究其运作模式及其评价，这一系列研究都是把地方政府作为竞争情报服务体系的服务平台，基于宏观层面、中观层面及微观层面来研究分析。本研究把竞争情报及中小企业竞争情报服务体系作为研究对象是一种新的突破，意在帮助中小企业获得竞争优势，增强中小企业竞争情报能力。

1.1.2　研究意义

中小企业的发展需要创新的战略方案，中小企业竞争情报服务体

---

① 江汶．我国中小企业竞争情报调查及服务研究［D］．武汉大学，2005：1．
② 邱均平，段宇峰．论知识管理与竞争情报［J］．图书情报工作，2000（4）：11－14．
③ 刘志荣．中小企业服务体系的形成、运作机理与评价［D］．暨南大学，2010：15．

系是帮助中小企业调整竞争策略的主力军，将为中小企业的成长注入强大的能量，具体表现如下：

理论层面：中小企业竞争情报服务体系构建的研究结合相关的竞争环境理论、竞争对手理论及竞争策略理论，然后结合服务管理方面的理论，例如契约理论、企业家理论及管理者理论等其他相关理论，奠定了竞争情报在中小企业中的理论地位，也丰富了竞争情报的服务对象，从新的视角开拓了竞争情报在中小企业中的应用，进一步拓展了中小企业的发展空间以及发展模式。

实际应用层面：中小企业竞争情报服务体系作为一个服务性组织机构，分别从宏观层面、中观层面以及微观层面来构建一个完整的服务体系，然后通过钟摆—金字塔—生态—虚拟的科学循环更新运作模式，制定中小企业竞争情报服务体系测度指标，实时跟踪监测。这样一个相对完备的竞争情报服务体系将扭转中小企业的发展格局，呈现崭新的战略全景。主要表现在：

（1）提高中小企业的战略决策，完善中小企业的组织结构，把握竞争对手发展动态。中小企业竞争情报服务体系是一套完整、科学、高效率的服务体系，能够帮助中小企业弥补自身的缺陷，进一步完善自己的组织结构，为其良好的运营制造和谐的企业环境，并能实时监控竞争对手的发展迹象，为其将来的战略决策打下坚实的基础。

（2）丰富中小企业的生产要素，增强企业资本，壮大企业人才资源，提高基础设施，这是整个服务体系的亮点。良好的运作模式不仅能够拉拢外援，还能够内强自身，有利于获得更充足的社会资源，为企业的发展奠定丰厚的物质基础，尤其是充足的资金，将是企业成长的保障，企业自身强大必然会吸引更多顶尖的人才，增加中小企业的隐性竞争力。

（3）聚集相关产业和支持产业，提高自己的信誉，实现合作共赢。严谨科学的竞争情报服务体系，提高了中小企业的效益，逐步稳固了中小企业的地位，增强了自身的信誉，通过合作协调，实现和谐发展。

（4）洞悉市场需求，了解内需，并把握同行竞争者的需求境况，及时服务社会需求。整个服务体系构建的合理化必然带动中小企业需求的合理化，以社会需求为前提，通过调研本企业产品市场占有率，结合同行业状况，及时挖掘潜在需求，及时做出回馈，抢占市场先机。

1.2　国内外研究现状

随着产业格局的改变，许多新兴产业逐渐出现，20 世纪 50 年代竞争情报的出现，逐渐改变了企业竞争的策略。在 20 世纪 80 年代，互联网技术带动了竞争情报的崛起，以 1986 年美国竞争情报从业者协会的成立为标志，迄今发展虽不足 40 年，但其影响已经遍及各个领域。它的出现带动了管理学、经济学、情报学等各个领域的发展，刚开始主要用于军事管理，后来逐渐蔓延到各个管理机构中，尤其是在企业管理中效果甚佳，这给企业的发展注入新的血液。新时代的竞争情报的发展不再是分散的、独立的，而更多是成体系的、有规律的。纵观国内外竞争情报的发展，更是有质的突破。

1.2.1　国外研究现状

竞争情报的研究日益成熟，并得到广泛应用。众多百强企业都建立了较为完善的竞争情报体系。可见竞争情报对企业的贡献日益显著，正如微软公司创始人之一比尔·盖茨所强调的：信息是企业革命的根本，是企业赢得更多利益的秘密武器，也是竞争对手之间较量的要点，利用好信息将会获得意想不到的业绩。日本这样一个情报大国，更把竞争情报的功能发挥得淋漓尽致，索尼公司的发展就是一个鲜明的案例①。综上所述，国外很重视发展信息情报，尤其是与企业相结合的情报服务体系。

国外对竞争情报的研究大多从实践角度出发，研究竞争情报的实用价值，例如，竞争情报系统研究，但目前仍然不能实现完全自动化，必须人为干预，将信息转化成可以利用的知识②；竞争情报服务研究、超竞争情报研究③等，尤其是以日本和美国为代表，对竞争情报实用价值的研究颇为成熟。而且对于竞争情报运作模式的研究也大多是基于管理模式或者竞争情报模式的研究，例如，对企业竞争情报模式的评价标准并不是信息服务机构提供的信息与用户需求的信息的匹配度越高就越能反映信息机构的服务绩效④。因为提供的信息很多是表面化的，并没有解决用户的真正需求，所以用户很难完全接纳这种运作模式⑤，这也是目前国外很多竞争情报运作模式存在的弊病。

日本是情报大国，各类典型案例都展现出日本强大的情报洞察力。日本主要从实践的视角研究竞争系统对中小企业战略决策的影响力，这种研究或者是对竞争情报较为非系统的理论应用研究，或者是基于管理理论对中小企业服务体系的研究。关于竞争情报运作模式研究，大多也是企业管理的一些简单模式的叠加应用，真正构建一个完整的

---

① 韩颖. 我国中小企业竞争情报研究 [J]. 情报科学，2006，4 (24)：492 - 493.

② BERGERON P, HILLER C A. Competitive Intelligence//Annual Review of Information Science and Technology [M]. Medford, NJ：Information Today, Inc, 2002：366 - 368.

③ BREEDING B. Competitive Intelligence System under the Collaborative Environment Research [J]. Competitive Intelligence Review, 2000, 11 (4)：12 - 24.

④ ALISON T, VERONIEA F, GRAY J A M, et al. A first Class Knowledge Service：Developing the National Electronic Library for Health [J]. Health Information and Libraries Journal, 2002, 19 (2)：77 - 78.

⑤ WARD P L. Management and the Management of Information, Knowledge - based and Library Services 2002 [J]. Library Management, 2003, 24 (3)：36 - 38.

竞争情报系统的运作模式的研究还是很少的。

美国也是一个情报大国，很重视发展本国的情报事业，美国的竞争情报的研究和日本一样很注重实践研究，而且对竞争情报理论的研究很成熟，对竞争情报的应用研究也很深厚，无论是竞争情报系统的建立、竞争情报服务构架，还是企业竞争情报服务研究等，都是从实践角度去研究，并没有把竞争情报与企业服务作为主要研究对象。其企业服务体系研究对象主要是信息服务体系、技术服务体系、融资服务系统、管理咨询服务体系和融资服务体系等，这些领域的研究还相对成熟。关于竞争情报服务体系运作模式的研究大多是从竞争情报模式与企业管理模式的理论视角阐述。

1.2.2 国内研究现状

我国的企业竞争情报起步比较晚，直到 20 世纪 90 年代初期才慢慢出现。三十几年来，我国对企业竞争情报的研究取得了巨大的进展。1994 年中国科学技术情报学会情报研究暨竞争情报专业委员会诞生，紧接着中国科学技术情报学会竞争情报分会成立，该分会主要由我国的教育界、经济界、信息界等 100 多个团体会员组成。通过对我国竞争情报专业组织成员单位调查，我国的竞争情报得到了较大的发展，众多单位都建立了较为完善的竞争情报体系，还有一些也在逐渐构建竞争情报工作网络[①]。尽管竞争情报研究在国内日益丰富，但对其研究的专业机构是有限的，或者是由公司运营的专业竞争情报机构，或者是隶属于高校或事业单位的情报机构，或者是其他组织机构构建的情报研究机构，这些机构基本都是相互独立的，没有形成相互合作的局面。国内竞争情报的案例屡见不鲜，例如北京市开关厂通过应用竞争

---

① 高雁. 现代企业情报部门信息服务模式研究 [D]. 黑龙江大学, 2008, 5 (11): 4 - 6.

情报技术挤进中国电气工业企业百强①、云南省开展"企业竞争情报示范工程"② 等。

目前国内情报学的研究范畴也逐渐扩大，例如云计算视角下的竞争情报研究、大数据（Big Data）视角下的竞争情报研究等，尽管对竞争情报的研究有了巨大的进展，但目前我国对中小企业竞争情报服务的研究多是从理论角度研究，如竞争情报理论或者竞争情报系统或者竞争情报相关服务的理论阐述。关于企业竞争情报服务体系运作模式的研究，大多还是单一地从企业管理模式或者竞争情报模式或者其他领域的模式进行描述。

1.2.3　国内外研究现状评述

随着竞争情报文献数量大幅度增加，模块化研究领域也逐渐形成了，例如产业领域、企业领域、IT 领域、教育领域等。通过中国知网的《中国学术期刊》的全文数据库和《中国引文数据库》检索竞争情报应用领域发现，企业竞争情报的理论与应用是研究热点，占论文总篇数的 30.62%③。很多文献重点研究了竞争情报在企业中的运作过程、知识管理在企业竞争情报中的应用、竞争情报对企业战略决策的影响及企业竞争情报作战室情况等④。中小企业由于自身的不足以及外界严峻的竞争环境，急需建立一个科学可持续的服务体系，这也是现阶段竞争情报在中小企业应用领域中的研究热点和难点，并且这种竞

　　① 彭靖里，马敏象，赵光洲，等 . 中美企业开展竞争情报活动的案例比较研究［J］. 情报杂志，2002（4）：43 - 44.
　　② 彭靖里，宋林清，王晓旭 . 云南省开展"企业竞争情报示范工程"的实践与案例［J］. 现代情报，2004（3）：192 - 194.
　　③ 李晶，张晋朝，王菲菲 .1989—2010 年我国竞争情报领域论文的定量研究［J］. 情报科学，2011，29（11）：1726 - 1730.
　　④ 胡笑梅，李文玉 .2009—2010 年国内竞争情报研究热点分析［J］. 情报探索，2012（4）：54 - 55.

争情报服务体系的运作模式更是研究的突破点，也是提升整个服务体系绩效的关键。

本书以地方政府为中小企业竞争情报服务体系的服务平台，尝试从宏观层面、中观层面及微观层面，依据竞争情报研究的三大内容（竞争环境、竞争对手及竞争策略），构建一个服务体系，这是本书的创新点。

以上对竞争情报服务体系的研究现状做了详细的总结分析，接下来笔者将详细总结剖析竞争情报服务模式的研究现状。本书将从竞争情报应用平台的角度归纳分析企业竞争情报服务模式方面的相关研究成果。

（1）从软件平台应用角度，例如基于 SaaS、IaaS、PaaS、ASP 等软件的企业竞争情报服务模式应用研究。此研究平台还处于发展观望阶段，很多没有成型的软件应用到竞争情报领域，还需要实践一段时间。

（2）从网络平台应用角度，例如基于电子商务的 B2B 平台[①]、国际联机检索系统[②]、Multi-Agent 的网络组织等的企业竞争情报服务模式应用研究。此研究平台也是比较新颖的，已经有很多网络平台开始使用竞争情报功能，尤其是电子商务，例如京东商城与苏宁易购所展开的价格战，这种价格制定必定以竞争对手以及市场上的相关价格作为参数，而如此及时的情报信息，势必反映企业强大的竞争情报能力。

（3）从组织机构平台应用角度，例如高校图书馆、信息咨询机构、政府组织、现代企业情报部门等的企业竞争情报服务模式应用研究。此平台研究已经相对成熟，许多高校、企业和政府机构等都设立了相关的竞争情报部门，例如武汉大学、北京大学等，这将是以后各个机

---

① 宋新平，梅强，田红云，等. 基于 B2B 平台的中小企业竞争情报服务模式研究 [J]. 情报杂志，2010，4（29）：75-79.
② 郭丽芳. 五大国际联机检索系统收录数据库内容比较分析 [J]. 情报科学，2007，2（25）：259-260.

构部门的发展趋势。

（4）从理论平台应用角度，例如基于价值链分析、专利战略、复杂系统理论视角、SWOT 分析等的企业竞争情报服务模式应用研究。此应用平台研究比较成熟，大量的文献从一定程度上反映了研究深度，任何理论都是相通的，一些理论应用到新的领域将会给这个领域带来巨大的机遇。

纵观这些应用领域，我们发现无论是依附于软件还是组织机构，甚至理论构建平台，都是各种网络关系协作运营，实现各自利益的最大化，并且都是具有前瞻性的运作模式，总体归纳就是"合作—共赢—发展"的运作模式。本研究除了借鉴以上竞争情报领域的运作模式，还借鉴了企业管理方面的运作模式，例如企业管理运作模式、现代金融物流模式、企业营销运作模式、威客为企业服务模式、实施 ERP 与企业管理模式、基于 SDN 的大批量定制生产模式、BOT 运作模式等各个领域的运作模式的分析归纳，并且根据中小企业的自身特点，以及变幻莫测的市场竞争环境，构建现阶段属于中小企业的竞争情报服务体系的运作模式，即钟摆—金字塔—生态—虚拟运作模式。这也是本书的亮点，这种服务体系的构建以及科学的运作模式的运转，将会弥补中小企业运营上的不足，增强中小企业的综合实力，为中小企业的发展打造坚实的平台。

1.3　本书结构与研究方法

1.3.1　本书结构

本书共分为 8 章。

第 1 章是绪论。首先介绍本研究的研究背景及研究意义，然后阐述国内外研究现状、本书结构与研究方法。本章在书中起到提纲挈领的作用。

第2章是相关理论。首先阐述竞争情报理论，包括竞争环境理论、竞争对手理论及竞争策略理论，然后叙述服务管理理论，包括契约理论、企业家理论、管理者理论，最后又介绍其他相关理论。本章的理论是整篇论文的灵魂，是科学依据，起到指导性作用。

第3章是中小企业竞争情报服务体系构建的可行性及要素分析。首先阐述了中小企业竞争情报服务体系研究的必要性及可行性，然后分别从宏观、中观、微观这三个层面详细地介绍了中小企业竞争情报服务体系的构成要素，通过对其研究的必要性与可行性的阐述，指出本研究的出发点及研究目的。

第4章是中小企业竞争情报服务体系构建。首先介绍了中小企业竞争情报服务体系总体模型，然后分别从宏观、中观、微观三个层面依次阐述竞争情报服务体系的构建，最后阐述了三个层面间的运行机制。这是本研究的核心部分。

第5章是中小企业竞争情报服务体系的运作模式。首先阐述了竞争情报服务体系运作模式的构建原则，然后介绍竞争情报服务体系运作模式构建的视角，最后详细阐述竞争情报服务体系运作模式的构建，这些运作模式分别是钟摆运作模式、金字塔运作模式、生态运作模式及虚拟运作模式，详细描述其如何合理运作。

第6章是中小企业竞争情报服务体系成熟度测度模型构建研究。首先阐述企业竞争情报服务体系成熟度测度研究的重要性，其次阐述企业竞争情报服务体系成熟度测度原则，再次介绍企业竞争情报服务体系成熟度测度模型，最后阐述企业竞争情报服务体系成熟的测度指标体系。

第7章是中小企业竞争情报服务体系评价。首先阐述竞争情报服务体系评价指标建立的原则，接着分析了竞争情报服务体系评价模型构建，从两个功能模块构建，分别是中小企业竞争情报服务体系自我监测功能模块与中小企业竞争情报服务体系客户反馈功能模块，最后介绍中小企业竞争情报服务体系评价指标体系。

第8章是结论与展望。首先阐述了主要研究成果与结论，其次分析了本书的主要贡献，最后提出了研究展望。

文章的逻辑框架如图1.1所示。

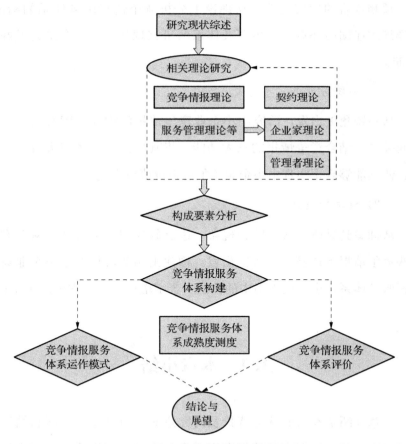

图1.1 本书的基本框架及技术路线

1.3.2　研究方法

本书主要采用了文献调研法、系统分析法、科学抽象法等相结合的研究方法来分析中小企业竞争情报服务体系的构建。

（1）文献调研法

广泛收集国内外相关的研究文献，通读本领域的经典之作，归纳出本研究的发展态势，发现本研究的研究进展，以最基本的理论为支撑，预测今后的发展趋势。从理论上分析竞争情报服务体系的构成，并详细阐述国内外竞争情报服务体系的研究现状，为整个研究做好理论铺垫。

（2）系统分析法

从系统角度出发，研究中小企业竞争情报的构成要素及这些要素之间关系，结合竞争情报的三大功能，将其作为一个系统进行深入分析，使其能够真正实现中小企业竞争情报价值最大化。

（3）科学抽象法

从抽象到具体，从本质到现象，这是叙述问题的方法。从现有的一些竞争情报运作模式的表征出发，构建出切实可行的中小企业竞争情报服务体系，也就是本书中的钟摆—金字塔—生态—虚拟运作模式。

1.4　本章小结

本章介绍了本书的选题背景及研究意义，通过文献调研总结国内外的研究现状，挖掘竞争情报在中小企业中的应用潜质，确定本研究的具体内容，并阐述本研究的研究方法及技术路线。

第 2 章

相关理论

中小企业竞争情报服务体系研究的必要性与可行性都建立在一定的理论基础之上，具有研究的科学性。本书是一个综合性研究，内容借鉴了各个领域的研究理论，例如情报学领域、服务管理领域等。它们丰富了本研究的理论依据，增加了本研究的可行性，也提高了本研究的可信度。

2.1 竞争情报理论

2.1.1 竞争环境理论

2.1.1.1 竞争环境理论的内涵及研究对象

竞争环境是指企业生存的自然环境和社会环境，它是与企业经营活动有现实和潜在关系的各种力量和相关因素的集合，它直接影响企业的生存和发展①。竞争环境分析需要从内部资源和外部机会两个方面入手。

在这种超竞争环境下，环境分析的重要性日益明显，尤其是对环

---

① 杨红云. 国内竞争环境变化对制造业发展的影响综述 [J]. 北方经贸，2011 (10)：11.

境分类分析，有专门理论对此剖析，例如环境的不确定性理论与资源依赖性理论。环境的不确定性理论指企业很难得到环境的完全信息①②③，而资源依赖性理论认为，企业要赢得稀缺资源必须对所处环境有所把握④⑤。这两个理论学派都说明了目前竞争环境把握的困难性。这些竞争环境的客观性、动态性、系统性与不可控性等特征揭示了企业竞争环境的复杂性与挑战性，竞争环境研究的目的是帮助企业了解自己所处的态势，并能及时做出反应，以最低的损失、最高的效率降低竞争环境给本企业带来的风险，并锻炼企业的生存能力，逐渐增强中小企业的综合竞争力。

竞争环境按层次分为宏观环境、中观环境及微观环境。宏观环境主要是政府主导下的一些环境，中观环境主要是以行业为主导的竞争环境，微观环境主要是以中小企业自身及其他中小企业为主导的竞争环境，无论哪个层面的竞争环境都是从政治、经济、法律、技术、文化等角度分析，如图2.1表示。

2.1.1.2 竞争环境理论的应用

中小企业竞争情报服务体系是由宏观、中观、微观三个层面构建的，其中第一个功能模块是竞争环境掌握模块，也是最关键的功能模

① DUNCAN R B. Characteristics of Organizational Environments and Perceived Environment Uncertainty [J]. Administrative Science Quarterly, 1972, 17 (3): 313 - 327.

② LAWRENCE P R, LORSCH J W. Organization and Environment: Managing Differentiation and Integration [D]. Boston: Graduate School of Business Administration, Harvard University, 1967.

③ TUNG R L. Dimensions of Organizational Environments: An Exploratory Study of Their Impact on Organizational Structure [J]. Academy of Management Journal, 1979, 22 (4): 672 - 693.

④ MARCH J G. Exploration and Exploitation in Organizational Learning [J]. Organization Science, 1991, 2 (1): 71 - 87.

⑤ PFEFFER J, SALANCIK G R. The External Control of Organizations: A Resource Dependence Perspective [M]. New York: Harper and Row, 1978.

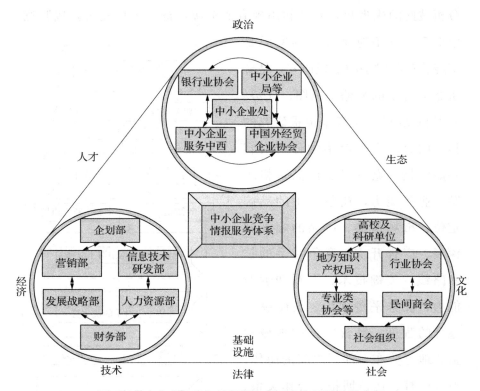

图 2.1　中小企业竞争情报服务体系竞争环境结构分析

块，主要是对中小企业竞争环境有个准确把握，为决策提供良好的运行环境。中小企业所处境况是从三个层面的竞争环境分析的，这些层面分别从政治、经济、文化、技术等角度，为整个竞争情报服务体系提供充足的环境信息资源。

2.1.2　竞争对手理论

2.1.2.1　竞争对手理论的内涵及研究对象

竞争对手分析是中小企业竞争战略制定的前提和保障。通过对中小企业主要竞争对手的分析，挖掘本企业与竞争对手的不同之处，分析彼此的优劣势，充分利用现有的资源，抢占市场先机，战胜竞争对手。竞争对手分析的实质是围绕着竞争对手的情报研究，是分析竞争对手的战略、意图、优势、弱点和反应①，是竞争情报研究的核心内容。竞争对手的分析内容一般包括：竞争对手产品价格跟踪、业务能力，竞争对手的品牌定位、市场份额、产品的幅度和深度、广告开支，竞争对手的技术路线、关键技术、专利和创新能力、技术平台建设、集团纵向整合的程度、经营主体的地域覆盖和地点分布、部门之间的协作、财务杠杆、运营回报、合作关系。竞争对手分析方法有竞争对手跟踪分析、SWOT 分析、专利情报分析、合作竞争、超级竞争等，图 2.2 简述了竞争对手分析的一般方法。

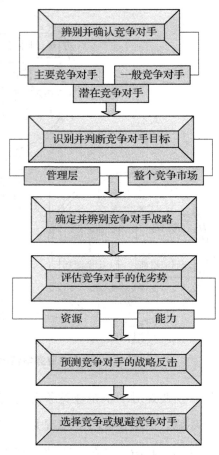

图 2.2　竞争对手分析一般方法

2.1.2.2　竞争对手理论的应用

对竞争对手的竞争内容与竞争对手方法的分析有助于企业决策者和管理层准确把握竞争对手。对竞争对手的竞争态势的分析能为整个

---

① 李海丽. 基于企业战略环境分析的反竞争情报战略的制定 [J]. 科技创新月刊, 2011, 24 (2)：62-64.

服务体系决策运营功能模块的实施提供充足的情报信息资源，也能从一定层面反映竞争环境掌握功能模块的实施水平。

2.1.3 竞争策略理论

2.1.3.1 竞争策略理论的内涵及研究对象

竞争策略是企业朝何处发展的选择，是一种长期的发展方向，直接影响和决定战术的选择与制定。它要解决的核心问题是企业如何凭借自身的实力进入竞争对手的运营区域，及时把握最新发展动向，并确定自己的竞争目标和方针，发挥企业的最大优势，赢得有利地位。其目的是寻找可以发展的战略空间，根据自身的实力及发展特色，制定适合本企业发展的战略方案，为顾客提供满意的服务，从而把握自身的竞争优势[①]。一般竞争策略有较低成本策略、差异化策略等。竞争策略一般步骤如图 2.3 表示。

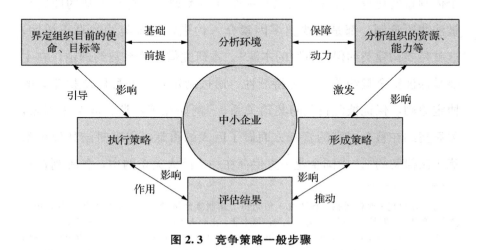

图 2.3 竞争策略一般步骤

---

① 罗珉. 企业竞争战略理论的创新 [J]. 财经科学，2001 (1)：42-44.

2.1.3.2 竞争策略理论的应用

竞争策略直接反映竞争情报服务体系的效能，在整个服务体系中是最核心的部分。竞争策略的运营绩效反映了竞争环境掌握水平及竞争对手控制能力，这也从整体上评估了服务体系的质量。竞争策略的制定是利用现有及潜在的优势，避开可能的障碍，制定适合企业发展的运行方针。

2.2 服务管理理论

2.2.1 契约理论

契约是利益关系的保障，一方面具有法律意义，另一方面它又是个体利益的化身。完全契约只是一个理想类型，没有一个契约能完全被法律所管制，都是需要更多因素介入约束，实现契约的真正效用，这就是要构建契约保障机制的本源[①]。本研究借鉴关系契约理论，它主要是保证整个契约关系的可持续性，通过制定相应的目标及相互间的协定原则，保证彼此长久的契约关系[②]。例如在俄罗斯、波兰等国家，关系契约在整个国家的管制方面做了巨大的贡献，很多时候其效率都优于法律契约[③]。中国企业一直生存在一个巨大关系网中，各种利益交

---

① 埃里克·弗鲁博顿，鲁道夫·芮切特.新制度经济学：一个交易费用的分析范式[M].姜建强，罗长远，译.上海：上海三联书店，上海人民出版，2006：186-220.

② MACNEIL I R. Contract：Adjustment of Long - term Economic Relations under Classical，Neoclassical and Relational Contract Law [J]. Northwestern University Law Review，1978，72（2）：340-418.

③ JOHNSON S, MCMILLAN J, WOODRUFF C. Courts and Relational Contracts [J]. Journal of Law, Economics & Organization, 2002, 18（1）：221-276.

互都要经过千丝万缕的关系进行，但随着国内经济的转型，企业之间的竞争利益形式也发生了改变，由原来的关系型转变成契约型。^① 关系契约的存在，保证了企业竞争的合理性，就像格鲁夫（Greif）等人所言，关系契约有时候效益大于法律契约，它能够使整个契约关系长久有效，任何一方毁约都会使关系契约终结，尤其是在社会这个大的网络中，共有关系契约的组织团体会彼此监督，防止不正当的交易进行^②。

中小企业竞争情报服务体系由复杂的关系层组成，宏观层面是由与政府关系最密切的组织部门组成的，中观层面是由一些行业协会等组织部门组成的，微观层面是由中小企业自身部门组成的，无论哪个层面的组织其最终宗旨都是服务于企业竞争情报，提高竞争情报服务体系的效率，增强中小企业的绩效，拓宽中小企业的战略领域。但每个层面的组织部门都有各自的利益需求，所以必须建立相应的契约关系才能稳定发展，减少内部冲突。例如中小企业与各个层面部门签署委托——代理契约或产权或交易费用，以及各个层面的组织部门之间也建立契约关系，这种契约关系的建立是实现合作共赢的保障，也是维持长期合作与发展的前提。

2.2.2　企业家理论

当前经济学界对企业家的定义仍存在诸多学术分歧，呈现百家争鸣的研究态势。在 16 世纪初，那些领导军事远征的人被称为 entrepreneur，此时企业家被当作冒险者。在 17 世纪，entrepreneur 这个词经常用于建筑方面，例如修建道路、桥梁等。此时的企业家被当作经营者。在

---

① 刘仁军. 关系契约与企业网络转型 [J]. 中国工业经济，2006 (6)：91-98.
② GREIF A. Contract Enforceability and Economic Institutions in Early Trade：The Maghribi Traders' Coalition [J]. American Economic Review, 1993, 83 (3)：525-548.

18世纪，杜尔哥在他的《财富的形成与分配》一书中说道，企业家是拥有资本的冒险家，以发放其资本为报酬。此时的企业家被认为是资本家。在19世纪，萨伊（J. B. Say）首先在《政治经济学问答》一书中提出，企业家是生产产品的代理人并能让产品顺利生产。此时的企业家被当作经理。在20世纪，金融危机使得企业家的角色也发生了转变。正如熊彼特在自己的《经济发展理论》所言，企业家是利润的主要创造者，但随着经济的转变，利息与利润之间也会发生转变，这时候需要企业家做出决断。此时的企业家被看成革新家。21世纪的工业革命后，企业家的使命不再把自己的企业看成等级分明的结构，而是重视自身的管制与自身的能力的提高，企业家的精神面貌在一定程度上决定了企业的发展态势，这正是美国剑桥战略咨询公司的董事长兼总裁詹姆斯·穆尔所言。此时的企业家被当作决策者①。

从对企业家的定义可知，企业家在企业经济增长中发挥重要的作用，是生产力的中枢。莱本斯坦就认为高效率是企业家的宗旨，企业家是通过避免低效率而取得成功的人，其他人以及他们所属的组织容易发生低效率的事情②。

2.2.3 管理者理论

随着全球经济运转模式的转变，企业间的竞争也愈加激烈，企业要想获得竞争优势必须高度重视人力资源③。人力资源的代表就是管理者，管理者的行为一直都是领导者理论研究的重点，但目前仍处于

---

① 丁栋虹. 企业家理论研究的历史回顾与世纪发展［J］. 南京大学学报：哲学·人文科学·社会科学，2006（6）：143-149.

② LEIBENSTEIN H. Entrepreneurship and Development［J］. American Economic Review，1968，58（2）：72-83.

③ 彼得·德鲁克. 卓有成效的管理者［M］. 北京：机械工业出版社，2005：78-79.

"丛林之中"[①]。管理者是管理行为过程的主体，其掌握大量的管理职权，并要承担相应的责任，他们拥有一定的管理能力，协调好本企业的人事管理。关于管理者理论众多，本书主要阐述管理者角色理论、管理者权力理论及管理者方格理论。

（1）管理者角色理论

明茨伯格在《管理工作的本质》中，这样解释说："角色是有一定职责或者地位的一套有条理的行为。"明茨伯格角色理论包括三大类角色，即人际角色（Interpersonal Role）、信息角色（Informational Role）和决策角色（Decisional Role）。其中，人际角色包括名义首脑（Figurehead Role）、领导者（Leadership Role）、联络者（Liaison Role）；信息角色包括监控者（Monitor Role）、传播者（Disseminator Role）、发言人（Spokesperson Role）；决策角色包括创业者（Entrepreneur Role）、故障排除者（Disturbance-Handler Role）、资源分配者（Resource-Allocator Role）、谈判者（Negotiator Role）[②]。管理者要协调好这些不同的角色相互间的关系。

（2）管理者权力理论

管理者权力指管理者拥有比其他普通员工更多的权益与责任。管理者的权力一方面表现为对企业人员职责分配与监管、负责企业发展策划、负责企业的公关活动等；另一方面表现为管理者自身的角色定位，除了提高自身的素质还要不断增强自身的管理水平，不断学习相关的管理知识，完善自己的管理能力。管理者的核心目标是协调好部门人员完成企业的目标，充分利用好企业赋予的权力，并履行相应的

---

① 陆吕勤，凌文铨，方俐洛．管理行为的复杂性管理者的核心工作任务分析［J］．中国管理科学，2000，11（8）：302-309.

② MINTZBERG H. The Nature of Managerial Work ［M］．New York：Harper and Row，1978.

责任。

（3）管理者方格理论

正所谓"不以规矩不能成方圆"，企业的管理需要相应的约束框架，管理者方格理论（Management Grid Theory)[①] 正是为企业的发展提供框架，提高企业的管理绩效的理论。为了避免极端的管理行为，最大限度降低管理风险，管理者方格理论设定了多个测量数值，以此监测管理水平。管理者方格理论核心是服务于决策，提高企业绩效，所以此理论降低管理者的错误行为带来的损失，也使整个竞争情报服务体系运作有良好的发展轨迹，使企业避免不必要的损失。

2.3　其他相关理论

（1）金字塔原理

金字塔原理（Pyramid Principles），1973 年由麦肯锡国际管理咨询公司的咨询顾问巴巴拉·明托（Barbara Minto）发明，旨在阐述写作过程的组织原理，提高读者的阅读效率。其核心思想就是下层依次受限于上一层次，之间呈层级关系。这种形式的管理模式能够避免滥用职权的现象出现。

（2）钟摆原理

从物理学角度，其本质就是在没有外力的情况下，钟摆处于静止状态，当受到外力作用时，钟摆就会开始左右晃动，其摇摆的幅度与其受到外力的大小有关，但在重力的影响下逐渐减慢，最后又回到

---

① 李黎. "方格理论"在社会管理中的运用研究 [J]. 领导科学，2012（35）：33 - 35.

原点，处于静止状态。这反映了钟摆始终有个平衡值，这个值保持了钟摆的稳定性。

（3）生态原理

随着和谐理念逐渐深入人心，追求"生态"的生存发展环境逐渐成为主流，例如"生态农业""生态城市"等，这些概念的核心就是追求可持续的发展状态，达到人与自然在某种程度上的和谐，只有这样才能求得更好发展，实现共赢。

2.4　本章小结

本章主要介绍了中小企业竞争研究的相关理论。首先介绍竞争情报理论，包括竞争环境理论、竞争对手理论及竞争策略理论，分别从各自理论及其应用角度描述，接着分别从契约理论、企业家理论及管理者理论来详细描述服务管理理论，最后又介绍金字塔原理、钟摆原理及生态原理，为中小企业竞争情报服务体系运作模式的研究奠定坚实的理论基础。

第 3 章

中小企业竞争情报服务体系
构建的可行性及要素分析

3.1 中小企业竞争情报服务
体系研究的必要性

金融危机、资源危机的持续演化，成为中小企业发展的桎梏，也使中小企业陷入内忧外患的境地。内忧：中小企业先天不足。与大中型企业相比，中小企业呈规模小、资金匮乏、信息闭塞、基础薄弱等现状。外患：实力强大的大中型企业的排挤、对外贸易步履维艰、国外对中国货币政策的阻碍、原材料能源价格上涨、环境问题等都困扰中小企业的发展，使中小企业利润锐减，劳动力流失。我国中小企业多为家族式企业，传统的管理方式已经跟不上时代步伐。全球的金融危机下银行为了避免呆账、坏账而减少对中小企业的借贷[①]。但可观的是，中小企业已经逐步超越了大中企业的发展速度，据中国工业和信息化部原总工程师朱宏任所言：中小企业已经占全国企业总数的99％，在稳定经济、吸收就业、出口创汇、提供社会服务等方面做出了巨大贡献。而以政府为服务平台的中小企业竞争情报服务体系更成为现阶段中小企业制胜的法宝。

---

① 陈莹莹，宋一帆. 建立中小企业管理机构，缓解中小企业贷款难题 [J]. 中国商贸，2010（16）：109－110.

根据我国情报学专家王延飞①给竞争情报下的定义，本书围绕竞争环境、竞争对手与竞争策略这三个方面内容来分析竞争情报服务体系的价值。

（1）从竞争环境分析

竞争环境是指竞争各方所处的自然环境和社会环境，是企业参与市场竞争的外部因素。中小企业的外部环境涉及经济、政治、法律、文化等方面。这些方面的信息情报的获取是企业制胜的关键。中小企业竞争情报服务体系作为一个联盟体系，能够改善中小企业应对复杂环境的状况。如银行业协会，可以向中小企业提供重要的客户信息、最新法律及金融货币政策等；行业协会，通过行业统计、组织展销展览会等，帮助企业防范市场风险，扩大经营市场，为企业的战略决策提供有价值的竞争情报。

（2）从竞争对手分析

竞争对手指本企业在共同的目标市场上，与自己已经有或者可能有利害冲突的经济组织，包括现实竞争对手和潜在竞争对手。一般从六个步骤分析竞争对手，即认识并确定竞争对手→识别与判断竞争对手的目标与假设→确认并判断竞争对手的战略→评估竞争对手的实力→预测竞争对手的反应模式→选择要攻击或回避的竞争对手②。竞争情报服务体系对竞争对手的信息情报进行采集、分析、处理，及时调整企业战略方针，把握好竞争对手的发展动态。如银行业协会提供的宝贵的客户信息，通过分析客户投资项目、客户融资状况，预测客户的战略决策；又如行业协会，通过举办会展及各种交流会议，及时获取最新产品研发技术等。

（3）从竞争策略分析

竞争策略指竞争者依据现阶段整个竞争市场的发展状况、自身所

---

① 王延飞．竞争情报方法［M］．北京：北京大学出版社，2007.
② 李新峰，徐文龄．竞争情报与知识管理的整合研究：知识经济时代的企业战略［D］．天津：天津师范大学，2004：7.

处的竞争环境，制定一个及时应对的决策方案，抵御风险，守卫自己的战略地位。竞争情报服务体系本身就具有决策功能，服务中小企业决策的准确性、科学性、及时性与可实施性。无论是从战略目标、战略步骤、战略手段及战略实现价值等方面，竞争情报服务体系都是强有力的支撑。如银行业协会提供的客户信息、货币金融政策，是竞争战略的向导；行业协会的各种展销会为竞争战略的制定奠定基础等。

3.2　中小企业竞争情报服务体系研究的可行性

全球危机周期性风险、全球资源危机，以及新型产业的诞生，增加了中小企业前进的障碍，危及中小企业的生存。中小企业除了要克服自身的缺点，还要借助于地方政府的支持。基于政府服务平台的竞争情报服务体系将帮助中小企业度过最艰难的时刻。本章从中小企业自身状况及地位、竞争情报服务体系的内部组织机构的客观存在与强大的支撑后盾，分析竞争情报服务体系研究的可行性。

（1）从中小企业自身状况及地位分析

首先从中小企业自身状况分析：我国中小企业多为家族式企业，传统的管理方式已经跟不上时代步伐，且中小企业规模小，资金少，信息收集难度大以及跟踪性差，使得中小企业很难独立发展，再加上全球金融体系的脆弱，中小企业融资能力严重受挫。中小企业内部在思想和行动上都无力组建竞争情报工作，更不能够承担开发竞争情报服务体系所需要的成本，如研发费用、设备购置及更新费用、软件购置费用、信息资料费用、技术支持所需成本等，这说明中小企业很难独立发展壮大，须借助外来力量构建竞争情报服务体系。

其次从中小企业的地位分析：纵观中国经济的发展，中小企业已经逐渐取代了大中型企业的重要地位，成为促进经济发展的主力军。中小企业在社会经济发展中逐渐占据重要的地位，无论在产业创新、人才扩充方面，还是在外贸发展方面，想要充分发挥中小企业的价值，竞争情报服务体系的构建将是必然选择。

（2）从竞争情报服务体系的客观存在与强大的支撑后盾分析

竞争情报服务体系的各个组织机构都是客观存在的，既然存在必然有其价值。如银行业协会的存在就是为了协调控制企业的融资问题及相关的法律政策；行业协会也是在企业的需求中诞生，把握企业间的发展动态，为企业的战略制定指引方向；企业自身也有发展的能力及潜力，如市场调研部、人力资源部都是获取最新情报信息的最佳渠道。这些组织机构都是客观存在的，相互间可协调发展，实现"共生"理念。

政府是中小企业成长的强大支撑，政府的宏观调控、法律政策等强制措施，为中小企业的成长营造相对公平合理的竞争环境。

3.3　中小企业竞争情报服务体系构成要素

依据中小企业服务体系的定义[①]，本章从服务体系的宗旨和功能的角度，将中小企业竞争情报服务体系定义为：为了增强中小企业竞争力，提高中小企业竞争情报能力，由地方政府领导、构建的一个相互协调、相互作用的多元化的服务组织机构的动态循环服务网络。中小

---

① 刘志荣. 中小企业服务体系的形成、运作机理与评价［D］. 广州：暨南大学，2010：16 - 19.

企业竞争情报服务体系在政府的领导下主要是由三个层面构成。依据政府的影响力的大小以及对企业的影响程度划分为宏观层面、中观层面及微观层面。之所以没有完全依靠政府直接操作运行，是因为"政府失灵理论"的客观存在，所以这种划分是科学合理的。把服务体系的构成要素看成一个集合，通过系统评估其功能模块对竞争环境、竞争对手以及竞争策略的差异化权重，建立动态匹配的竞争情报分析框架。

3.3.1　宏观层面构成要素

宏观层次的构成要素主要是银行业协会、中国外经贸企业协会、中小企业服务中心、中小企业协会、中小企业处、中小企业局等组织机构。这些机构受政府的影响最大并且对中小企业的影响范围广。这个层面的竞争情报服务体系侧重于对中小企业强制性的法律法规等政策的实施。

其中银行业协会主要帮助中小企业了解竞争对手或整个竞争行业的融资水平，从资金的走向预测其目标或发展方向；中国外经贸企业协会帮助中小企业洞察整个国际市场发展趋势及潜在行业；中小企业服务中心、中小企业协会、中小企业处、中小企业局这四个机构主要服务于中小企业发展，为中小企业的发展赢得更大的概率。这些宏观构成要素是整个服务体系强有力的支撑与后盾，为整个服务体系的良好运作提供强大的政治保护。

3.3.2　中观层面构成要素

与宏观层面的管理部门相比，中观层面受到政府的影响相对较小，但对中小企业的影响更明显。宏观层面的竞争情报服务体系最大的特点是各个部门的强制力，而中观层面的竞争情报服务体系最大的特点是协调力。其构成要素有行业协会、地方知识产权局、民间商会、社会组织、高校及科研单位、专业类协会（管理协会、技术协会、信息协会以及销售协会等）。

其中行业协会为中小企业提供充足的行业情报信息，行业协会拥有广阔的人脉资源，能够收集大量的情报信息，这也为整个服务体系的目标实现增加了动力，是强大的情报信息支援；地方知识产权局通过查阅一些最新的专利信息，能够挖掘潜在技术，也能帮助中小企业开拓自身的视野，赢得核心的技术，有利于抢占市场；高校及科研单位是通过最新的学术动态挖掘现阶段的企业最新发展动态，包括市场需求、技术需求及最新产品等；专业类协会（管理协会、技术协会、信息协会以及销售协会等），为中小企业提供更专业的帮助。

3.3.3　微观层面构成要素

与宏观层面以及中观层面的管理部门相比，微观层面的管理部门受到地方政府的影响最小且与企业的关系最密切。这是一个特殊的体系，因为主体就是企业自身，是独立于企业及其他组织，依靠自身构建的一个服务体系平台。主要包括企划部、人力资源部、市场部、客户服务部、行政部、营销部、信息技术研发中心、发展战略部以及财务部等。本层次的服务体系既不强调强制举措，也不强调协调发展，而是激励企业发展。

其中企划部最了解企业的发展动态，帮助中小企业分析当前的利弊，最大限度实现自身价值；人力资源部通过本公司人员的状况分析现阶段存在的不足或需要完善的地方，并且通过相关人员去获悉同行业隐藏的情报信息；市场部最了解企业的所处状况，及时抓住核心信息，帮助企业抢占市场，并能规避风险；技术是中小企业的命脉，是核心的，也是中小企业要长期为之努力的，信息技术研发中心通过本部门能够开发出新的技术，增强企业的市场竞争力。

3.4　本章小结

　　本章对中小企业竞争情报服务体系研究的必要性及可行性进行了详细的分析，进一步明确本章研究的意义。首先从竞争环境、竞争对手及竞争策略分析中小企业竞争情报研究的必要性，然后从中小企业自身与地位以及竞争情报服务体系构建的客观性与强大的支持明确本研究的可行性，最后分别从宏观层面、中观层面及微观层面详细阐述中小企业竞争情报服务体系构成要素，为下文中小企业竞争情报服务体系构建做好铺垫，起到承前启后的作用。

第 4 章

中小企业竞争情报服务体系构建

4.1 中小企业竞争情报服务体系总体模型

通过前文相关理论基础以及整个服务体系构成要素分析，构建中小企业竞争情报服务体系具有现实的可行性。由前文可知，中小企业竞争情报服务体系是一个多元化、多功能、成体系的服务网络。由于"政府失灵理论"及"市场失灵"的客观存在，中小企业必须在地方政府的服务下发展。本书依据地方政府的影响力的大小以及对企业的影响程度，分别从宏观层面、中观层面及微观层面来构建中小企业竞争情报服务体系。这种科学的划分使得服务体系的构建更清晰。每个层面的服务体系都是从竞争环境掌握模块、竞争对手控制模块及竞争策略运营模块来构建的。

如图 4.1 所示，中小企业竞争情报服务体系由宏观层面中小企业竞争情报服务体系、中观层面中小企业竞争情报服务体系及微观层面竞争情报服务体系构成，三个层面互为前提，互为依据，互为保障，相互作用，相互激励，相互借鉴保障整个服务体系良好运营，提高中小企业竞争情报能力。这三个层面的竞争情报服务体系又由竞争环境掌握模块、竞争对手控制模块及竞争策略运营模块组成，这些功能模块也是相互联系、相互作用而组成的整体。下面依次具体介绍每个层面竞争情报服务体系是如何构建的及其内部的相互关系。

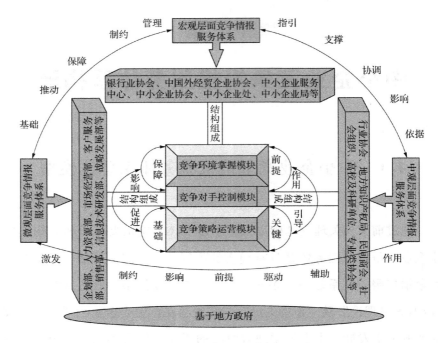

图4.1　中小企业竞争情报服务体系总体模型

4.2　宏观层面的竞争情报服务体系

宏观层面的构成要素主要包括银行业协会、中国外经贸企业协会、中小企业服务中心、中小企业协会、中小企业处、中小企业局等组织机构。这些机构受政府的影响最大并且对中小企业的影响范围广。这个层面的竞争情报服务体系侧重于对中小企业强制性的法律法规等政策的实施。这些要素间相互联系、相互作用，构成竞争情报服务体系，如图4.2表示。

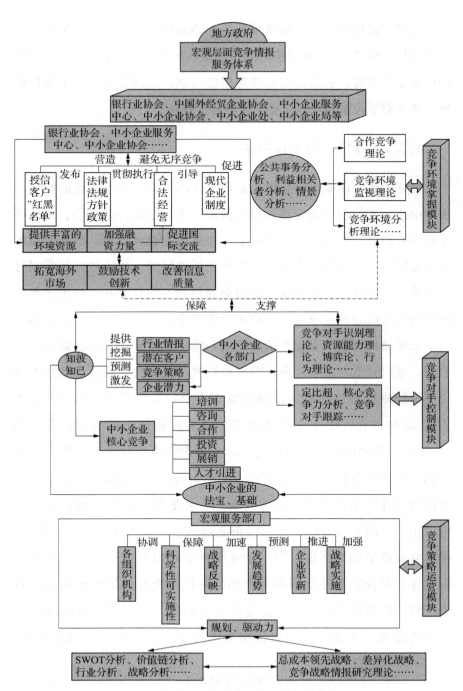

图 4.2　宏观层面中小企业竞争情报服务体系

宏观层面的中小企业竞争情报服务体系的存在价值，与美国小企业管理局（SBA）① 存在的意义大同小异，都是在政府的服务下，促进中小企业的发展。它是由三大功能模块构成，分别是竞争环境掌握模块、竞争对手控制模块以及竞争策略运营模块。

4.2.1　竞争环境掌握模块

良好的竞争环境永远是中小企业生存的摇篮，竞争环境的好坏是决定中小企业能否长久发展的根本保障。无论是银行业协会、中国外经贸企业协会、中小企业服务中心，还是中小企业处等，受到政府的影响都很大，它们共同为中小企业生存提供保障。作为政府间接指导下的非营利性社会团体的银行业协会通过发布授信客户"红黑名单"，树立诚实守信的企业典范，惩戒恶意逃避金融债务的行为，促进银行与企业互信；规范中间业务活动原则，避免无序竞争，促进形成公开合理、诚信规范的竞争体系；中国外经贸企业协会更是通过其强大的外交手段赢得丰富的海外市场拓宽中小企业竞争环境，真正"走出去"，面向世界；中小企业协会贯彻落实政府制定的法律政策，如《中华人民共和国中小企业促进法》《国务院关于鼓励支持和引导个体私营等非公有制经济发展的若干意见》等，维护良好的竞争秩序；开展与国外中小企业协会交流与合作，拓展中小企业市场，提高国内中小企业的竞争力；引导中小企业合法经营，遵守国家宏观调控，提高企业竞争的诚信度；中小企业服务中心以及中小企业处等在政府主导下在合法服务范围内为中小企业提供充足的资源包括竞争对手资料、最新技术产品、各企业投资方向等。这些宏观管理部门以竞争情报理论为支撑，例如合作竞争理论、竞争环境监视理论等，

---

① 吴春红．中小企业管理机构设置的国际经验及启示［J］．北方经贸，2006（1）：115－116.

指导各个部门科学决策，再结合一般以及特殊的竞争情报的方法，做到有理有据地维护公平合理的中小企业竞争环境。

4.2.2　竞争对手控制模块

在行业竞争日趋激烈的市场环境下，中小企业需将竞争对手情报分析纳入战略管理体系。通过构建竞争监测机制，精准识别同业企业的技术路线、市场份额及商业策略，将成为优化企业决策的关键支撑。银行业协会通过各种发布渠道，例如发布新闻、传播信息或借助其他出版物，为中小企业提供全球最新的财经新闻和对业界不同问题的评论，同时还与报纸、杂志合作接受读者电话咨询，定期出版消费者指南，并且通过互联网公布全方位的金融信息等，这些信息潜移默化地帮助中小企业把握竞争对手的竞争产品、竞争市场、金融政策等。中国外经贸企业网的建立也为中小企业提供最新市场动态，为中小企业提供信息查询、政策咨询等，方便中小企业交流信息；中小企业协会为中小企业提供创业辅导、管理咨询、投资融资、技术支持、企业信息化、人员培训、人才引进、对外合作、展览展销和法律咨询等合法服务，帮助企业了解本行业内竞争对手的相关信息情报；帮助中小企业建立信息平台，获取中小企业所需要的最有价值的信息情报，减少伪信息的误导，为中小企业战略决策的制定做铺垫；中小企业服务中心以及中小企业处等更是"小灵通"，其多层次成体系的信息咨询服务帮助中小企业洞察各行业发展态势同时预测竞争对手的发展趋势，挖掘本企业的竞争力，为构建具有本企业特色的核心竞争力时刻准备着。

4.2.3　竞争策略运营模块

良好的竞争环境是竞争对手获取的保障，对竞争对手的合理规制是竞争环境维持的动力；二者都是竞争决策的基础和前提，竞争决策又是二者的法宝，是二者价值的体现。银行业协会既是一种制度又是一种经济组织，它的使命就是服务，包括信息服务职能、咨询指导服务职能、教育培训职能。银行业协会提供的丰富广泛信息的交流平台使得企业战略有明确的目的性及科学性。中小企业服务中心通过协调行业协会、政府部门及第三方机构，推动构建覆盖融资担保、市场开拓、人才培育、创业创新支持（含科技孵化）、数字化转型（信息化应用/技术支持）、品牌建设、经营管理咨询等领域的多层次服务体系，帮助中小企业从不同角度综合制定竞争决策，提高决策制定的效率及科学性；中小企业协会通过拓展中小企业国内外市场，提供充足可靠的情报信息，并且帮助中小企业打造品牌效应，开展理论研讨和高层论坛，不断提高中小企业家的综合素质；这些服务都是为了企业最终的目的，帮助企业制定科学合理的竞争情报战略决策，促进中小企业的发展。

4.3　中观层面的竞争情报服务体系

与宏观层面的管理部门相比，中观层面受到政府的影响相对较小，但对中小企业的影响更明显。宏观层面的竞争情报服务体系最大的特点是各个部门的强制力，而中观层面的竞争情报服务体系最大的特点是协调力。其构成要素有行业协会、地方知识产权局、民间商会、社会组织、高校及科研单位、专业类协会（管理协会、技术协会、信息协会以及销售协会等）。各个组织机构相互作用、相互依存共同构成中观层面的中小企业竞争情报服务体系，如图 4.3 所示。

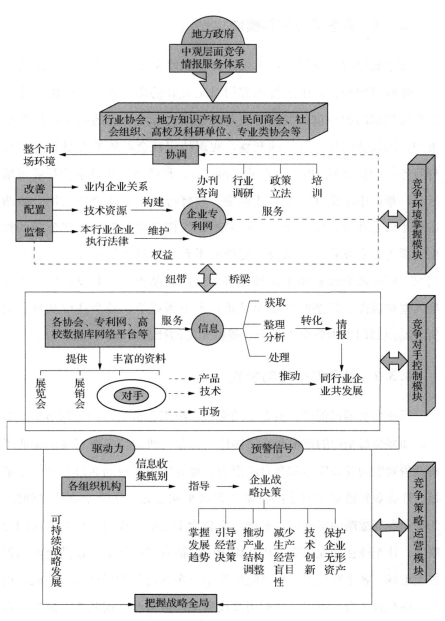

图 4.3 中观层面中小企业竞争情报服务体系

4.3.1　竞争环境掌握模块

竞争激烈的市场环境，不仅需要强制政策来维持秩序，更需要一些软性政策的辅佐，中层管理部门就是最好的协调器。行业协会作为中层管理部门的一员，发挥着重要的作用。行业协会的基本功能就是维护、协调特定社会群体的利益，实现特定社会群体的自身管理和自身服务①。作为政府和企业的桥梁和纽带，行业协会积极主动开展市场活动，帮助中小企业制定行业标准，监督行业内企业遵守法律，协调市场矛盾与冲突。地方知识产权局更是发挥其协调作用，其公开的数据资源为各企业竞争提供公平竞争的平台，同时也维护各个企业的专利权。民间商会改善整个市场环境，促进商品流通，其反倾销、市场准入壁垒破除、反垄断更是为了防止不正当竞争。各个高校及科研院所等其他部门也为各个中小企业提供充足的社会资源。

4.3.2　竞争对手控制模块

行业协会通过促进会员企业的交流，组织会员企业产品的展销、展览，加强会员企业的技术和经济协作，行业调研的信息资料帮助企业了解竞争对手的发展实力和自身的潜力。地方知识产权局通过专利信息情报，让企业知道竞争对手的技术开发水平和实力，激励企业技术创新，为企业专利战略的实施做好基础。商会为企业提供商机，加强企业间的联盟，让企业在相互依靠、相互作用中发挥自身的优势，帮助企业赢得更大市场。各个高校以及科研院所为中小企业提供大量的专利文献，以及一些数据平台，不仅合理利用高校资源，也帮助高校及企业研发工作处理分析收集到的信息情报，知彼知己，百战不殆。

---

① 谢增福．行业协会功能研究［D］.中南大学，2008：9.

4.3.3　竞争策略运营模块

无论是对环境的把握还是对竞争对手的掌控，最终都是服务于决策，决策的成功与否也决定了整个企业的成败，决策是企业的核心。中观管理部门不仅仅是润滑剂，更是指南针，以竞争情报理论与方法为科学支撑，合理应用大量的情报信息，服务于企业战略决策。行业协会功不可没，展销会展览会等交流会的开展使企业了解竞争对手的实力，并及时分析竞争对手的市场策略，根据竞争对手所处的竞争地位以及竞争对手的优势来推断竞争对手的战略决策，并实时预警市场威胁。地方知识产权局提供专利情报，不仅保护企业的无形资产，也维持了企业的竞争优势，构建企业专利战略有利于企业实施经营战略、品牌战略、科技战略等，提高企业的市场竞争力，开拓国外市场，更重要的是企业可以合法利用过期或不被保护的专利，节约企业研发经费，提高工作效率。[①] 商会提供大量的商机，帮助企业分析状况，使企业科学地做决策，把握战略全局。高校、科研院所及其他部门转化的科技成果直接服务于决策，是企业制胜动力，减少企业决策风险。

4.4　微观层面的竞争情报服务体系

与宏观层面以及中观层面的管理部门相比，微观层面的管理部门受到地方政府的影响最小且与企业的关系最密切。这是一个特殊的体系，因为主体就是企业自身，其独立于企业及其他组织，是依靠自身构建的一个服务体系平台。主要包括企划部、人力资源部、市场部、客户服务

---

① 周磊. 专利情报与企业专利战略运用研究［D］. 华中师范大学，2007：29.

部、行政部、营销部、信息技术研发中心、发展战略部以及财务部等。本层次的服务体系既不强调强制举措，也不是强调协调发展，而是激发企业发展。它们之间相互联系、相互运作，维持整个企业的发展。它们共同构成微观层面的中小企业竞争情报服务体系，如图 4.4 所示。

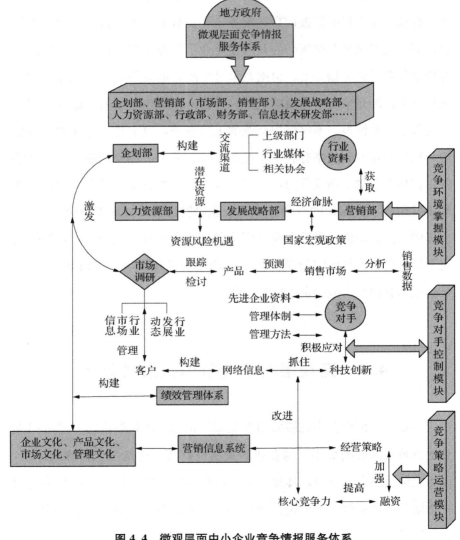

图 4.4 微观层面中小企业竞争情报服务体系

4.4.1　竞争环境掌握模块

美国海军高级情报分析员埃利斯·扎卡利亚曾经提出："情报中95％来自公开资料，4％来自半公开资料，仅有 1％或者更少来自机密材料①。"公开资料的获取是中小企业亟须破解的关键课题。作为企业中枢神经的企划部，管辖企业的整体发展态势。企划部门通过构建交流渠道，不仅要联系上级，也要与行业媒体以及相关协会交流，获取最新的市场行情，争取最大限度捕获最有价值的公开情报。企业的经济命脉营销部更是发挥不可估量的作用，不仅把握国家宏观指导方针，也协调企业发展政策。人力资源部与发展战略部积极预测市场风险与机遇，财务部迅速分析金融风险，为企业赢得丰厚的资金，其他部门也帮助企业建立信用机制，提高企业市场竞争力。

4.4.2　竞争对手控制模块

竞争对手资料的获取对企业的发展来说非常重要，企划部与营销部积极进行市场调研，了解行业市场信息，挖掘行业发展趋势，掌握行业核心技术。市场部和销售部能够快速实时跟踪与检讨产品，整理消费市场数据，分析企业与竞争对手的优势与劣势，洞悉潜在客户，通过客户流向挖掘可能的市场潜力。发展战略部通过分析和评估机遇和风险，第一时间获取国内外先进企业的资料，并总结分析这些资料，归纳出先进经营理念、管理体制、管理方法，为企业战略决策的实施提供依据。

4.4.3　竞争策略运营模块

好的决策需要一个好的环境做保障，企划部帮助企业营造良好的文

---

①　韩颖．我国中小企业竞争情报研究［J］．情报科学，2006，24（4）：492－495.

化氛围，构建企业文化、产品文化、市场文化以及管理文化，为科学决策指引方向。人力资源部通过构建绩效管理体系，对员工进行培训，提高员工竞争情报意识，为战略决策的制定储备人才。发展战略部通过对市场预测，规划企业经营发展，为企业的经营决策提供大量的参考数据。财务部也发挥其金融指向作用，积极分析金融趋势，为实现企业利益最大化，积极配合宏观及中观管理部门制定方针政策，应对可能风险。

4.5 三个层面相互间的运行机制

4.5.1 各个层次的部门之间的相互关系

宏观层次、中观层次以及微观层次的部门之间的关系，如图 4.5 表示。各个层次的管理部门是这个层次的核心要素，他们相互作用发挥整个层次的价值。宏观管理部门指导着中观管理部门工作，同时又监督着微观管理部门工作；中观管理部门推动宏观管理部门的发展，同时又保障微观管理部门的利益实现；微观管理部门不仅影响着中观管理部门的抉择，其需求也成为宏观管理部门的改善的动力。三个层次的管理部门这样协调运作，带动整个体系和谐顺利运行。

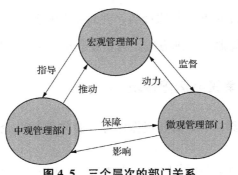

图 4.5 三个层次的部门关系

4.5.2 各个层面相互间的运行机制

任何一个体系的运作不是简单的机械叠加，而是相互有机联系在一起，并通过机制来推动。每门学科都是相通的，任何一种机理都是可以被借鉴和利用的。本书借鉴企业信息生态系统运作机制[①]，构建中小企业竞争情报服务体系运作机制。各个层面相互间的运行机制总体关系，如图 4.6 所示。

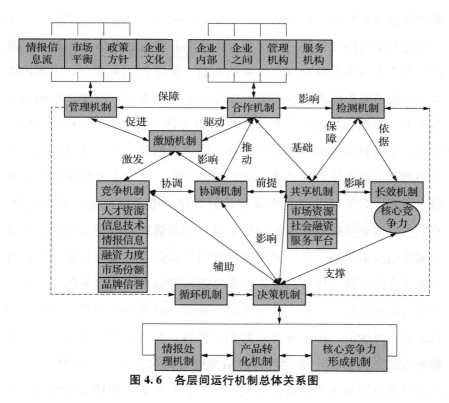

图 4.6　各层间运行机制总体关系图

中小企业竞争情报服务体系是由三个层次的竞争情报服务体系构成。这三个层面的服务体系不是简单地独立运行，而是相互联系、相

---

① 张海涛，闫奕文，冷晓彦. 企业信息生态系统的逻辑模型与运行机制 [J]. 情报理论与实践，2010，33（4）：6 - 9.

互制约、相互协调的有机整体。由于整个体系构成复杂，简单的机制难以实现提升企业竞争情报的能力，所以必须依靠庞大的机制体系来带动和激发服务体系的正常运转，其运行机制主要由管理机制、合作机制、激励机制、竞争机制、协调机制、共享机制、监测机制、长效机制、决策机制、循环机制等构成。

管理机制是整个服务体系的命脉，决定整个体系的运作功效，三个层面的服务体系，相互监督，相互管理，发挥其竞争情报能力，收集大量的行业数据，把握国家方针政策，服务于企业文化的制定，指引企业科学可持续发展。其次是合作机制，宏观服务体系强制措施维护中观服务体系及微观服务体系的利益，帮助其顺利运营，中观服务体系及微观服务体系又帮助宏观服务体系协调发展，减少体系间的矛盾冲突，加强相互间的合作，为整个服务体系提供良好的合作平台，也为共享机制的实现奠定物质基础。协调机制是整个体系的核心，不仅协调三个服务体系的关系，减少职能冲突，三个服务体系相互协调各自职能，为了帮助企业实现效益最大化，增强企业竞争情报能力，它们各自向企业提供充足的情报信息，中观管理部门借助宏观管理部门提供的政策信息，以及微观管理部门提供的企业实际信息，分析并预测企业的机遇和风险。微观服务体系依靠前面两个服务体系提供大量有价值的信息，帮助企业制定战略决策，降低企业风险。监督机制也是必不可少的，即服务体系间相互监督，相互观测，互为参考，挖掘情报的最大价值，检验各自的情报处理结果，减少不必要的损失。决策机制是服务体系价值的体现，也是企业竞争情报能力的体现。循环机制是这个服务体系的特色之处，当服务体系完成一次决策，整个体系会备份决策具体程序，当企业遇到类似的问题时，服务体系会先检测是否可以用以前的处理方法，这时候就需要循环机制运行，这样节省决策时间，让企业在最短的时间做出最有价值的决策。这个体系的运作机制关系包括促进、保障、激发、推动、影响、协调、支撑、依据等，如图 4.6 所示。

4.6　本章小结

本章是全书的核心章节，首先构建了中小企业竞争情报服务体系的整体模型，从整体上把握全书的概况，然后分别详细地从宏观层面、中观层面及微观层面构建中小企业竞争情报服务体系模型，这样从整体到细节层层描述中小企业竞争情报服务体系如何构建，体现本章的科学性和逻辑性。这三个层面的服务体系的构建又依据竞争情报三要素而形成三个功能模块，分别是竞争环境掌握模块、竞争对手控制模块及竞争策略运营模块，以这三个功能模块为切入点，构建成各个层面的服务体系的功能要素，最后阐述这三个层面的中小企业竞争情报服务体系之间的关系。

第 5 章

中小企业竞争情报服务
体系的运作模式

21世纪正步入系统性风险高发周期，能源结构转型困局、金融市场脆弱性加剧、人力资本迭代断层、文化认同消解等多维危机的叠加共振，影响着整个社会的发展方向。"速度至上"的思潮带动了各个行业的迅猛发展，也使得商业模式发生巨大变化，无论是改革还是创新，尽显"物竞天择，适者生存"之本性。中小企业的先天不足已经使其步履维艰，再加上这严酷的发展态势，更是雪上加霜。中小企业要想在这激烈的竞争中赢得生存和发展，最有效的方式就是增强竞争情报能力，所以构建中小企业竞争情报服务体系迫在眉睫，而如何运营这种模式更是重中之重，它是中小企业走向成功的关键，是中小企业成长的方法论，所以探索出中小企业竞争情报服务体系的运作模式是至关重要的。本书认为模式的本质就是解决某一问题的系统的方法及理论，而运作模式就是执行相应的方法及举措。关于模式研究的文献国内外不胜枚举，例如金融模式、管理模式、IT模式、竞争情报模式等，但这些运作模式基本都是比较单一的或者不成体系的运作模式，所以需要突破原有的固定思维模式，构建出更有价值、更适合中小企业竞争情报服务体系的运作模式。

综上所述，对中小企业竞争情报服务体系的运作模式的研究势在必行，其运作模式的成效将会影响企业的发展空间及战略决策。鉴于上述形势，前期研究已构建了中小企业竞争情报服务体系，本章将研究中小企业竞争情报服务体系的运作模式，仍然是基于宏观层面、中观层面及微观层面的服务体系模型，相互协调，以地方政府为指导，中小企业为核心，其他组织结构为动力，共进共享，构建中小企业竞争情报服务体系的运作模式。本章除了借鉴以上竞争情报领域的运作模式，还借鉴了企业管理方面的运作模式，并且根据中小企业的自身特点，以及变化莫测的市场竞争环境，构建现阶段属于中小企业的竞争情报服务体系的运作模式，即钟摆—金字塔—生态—虚拟运作模式。

5.1　中小企业竞争情报服务体系运作模式的构建原则

与其他行业的运作模式相同，中小企业竞争情报服务体系运作模式的构建也需要遵守相应的原则，正所谓"不以规矩，不能成方圆"。

（1）公平性原则

公平性原则是中小企业竞争情报服务体系运作模式的平台。众多组织机构在地方政府的指导下，在相对公平的环境中，各司其职，建立互信的环境，稳定整个体系网的健康运行，保证中小企业目标的可实现性。

（2）共赢性原则

共赢性原则是中小企业竞争情报服务体系运作模式的动力。中小企业竞争情报服务体系是一个复杂的多层次的服务体系，服务组织机构间相互联系、相互制约，共同目标是实现企业利益最大化。当然这种利益最大化不单指中小企业自身，还包括服务体系的各个组织成员，只有共赢才能让服务体系变得更强大，才能实现彼此更大的利益。

（3）协调性原则

协调性原则是中小企业竞争情报服务体系运作模式的润滑剂。不同领域、不同性质的组织机构难免就会有不同的价值观，矛盾必然存在，但面对冲突整个运作模式要有统一的理念，就是协商。无论是中小企业内部还是外部复杂的组织机构，都需要和谐发展、和谐进步，任何一方的冲突都会影响整个运作模式的效率，会出现一损俱损的局面，所以协调是关键。

（4）时效性原则

时效性原则是中小企业竞争情报服务体系运作模式的法宝，决定着中小企业的命运，以及中小企业竞争情报服务体系的存亡，所以追求时效性是企业要长期努力的工作。企业必须及时调整及检测运行模式的成效，这是整个运行模式构建的核心点及出发点，整个服务体系运行的好坏都由其效率决定。

5.2　中小企业竞争情报服务体系
运作模式构建的视角

本章的中小企业竞争情报服务体系运作模式是一个混合性、多维度、可拓展性的多功能的运作模式链，各个环节都是相互联系、相互监督、相互作用的。本章分别从循环视角、层级视角、和谐视角及合作契约视角这四个视角构建中小企业竞争情报服务体系运作模式。之所以从这四个视角来构建，是因为要实现中小企业竞争情报服务体系的价值，就必须有一个人性化、科学化、成体系的运作模式。循环视角下的运作模式能够节约运作成本，减少中小企业融资压力；层级视角下的运作模式能够使竞争情报服务体系中的各个组织发挥各自职能，提高功能效率，降低管理冲突；和谐视角下的运作模式，能够使竞争情报服务体系更高效地运转，减少不必要的成本时间投入；合作契约视角下的运作模式能实现竞争情报服务体系的利益最大化，强强联合，弱化中小企业自身不足，契约条件下更能激发合作者的动力，加速实现竞争情报服务体系的价值。中小企业竞争情报服务体系运作模式构建视角，如图 5.1 表示。

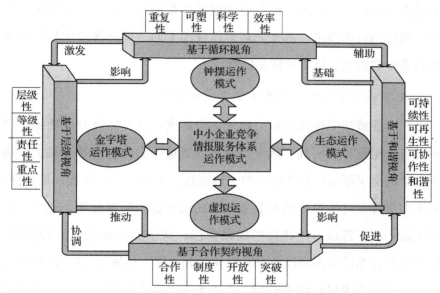

图 5.1　中小企业竞争情报服务体系运作模式构建视角

（1）基于循环视角下的钟摆运作模式

钟摆运作模式是以地方政府为支撑主体，宏观、中观及微观组织机构间建立互信合作的关系，根据相应的原则，建立一个竞争情报服务体系，类似于日本竞争情报服务模式的三重螺旋模式①，其核心流程是"建设—运营—回馈—修复—再建设"。钟摆运作模式是基于循环视

---

① 周婵，张锦顺，赵延东. 日本竞争情报服务现状及模式探讨［J］. 中国科技信息，2010（11）：193-195.

角下建立的，整个钟摆运作模式讲究的是重复性、可塑性、科学性、效率性。基于循环视角下的运作模式体现了竞争情报服务体系的可持续性和规律性，能够降低整个服务体系的运作成本，减少风险投资，这种循环视角主要体现了协调性原则。竞争情报服务体系的成员在地方政府的指导下，服务中小企业，以获取最有价值情报为动力，然后各个组织部门相互协作把整合好的竞争情报给中小企业，中小企业及时做出反应，把存在的问题传递给服务体系的各个组织，然后再次循环直至得出最优情报。基于循环运作视角下的钟摆运作模式将更好地挖掘竞争情报服务体系的潜在价值。

（2）基于层级视角下的金字塔运作模式

在企业管理中存在相对明晰的等级制度，这种等级制度使得企业内部各个组织分工明确，减少企业内部成员不必要的摩擦。基于层级视角下的金字塔运作模式讲究的是层次性、等级性、责任性、重点性。基于层级视角可使竞争情报服务体系的组织部门职责分明，能减少利益纠纷，利于管理，并有利于加强合作，这主要体现了共赢性原则。整个服务体系的最底层以地方政府为强大支柱，提供重要的方针政策；上面一层是宏观层面组织机构，负责企业融资支持以及相关的金融市场竞争情报、行业的法律法规等，不仅服从于地方政府的领导，也有自己的相应职责，并且为上一层组织机构提供相应的情报信息；再上面一层是中观层面组织机构，这个复杂庞大的组织成员，能够从多个渠道获取最有价值的情报信息，在获得宏观组织机构分析的情报同时，也提高自身的情报源的价值，为上一层组织机构提供最有价值的竞争情报；最上层也是核心层，即中小企业自身，其最了解自身需求及自身发展状况；这样分工明确，并且有重点地运作执行，能更好地实现竞争情报服务体系的价值及效用。

（3）基于和谐视角下的生态运作模式

21 世纪需要的不仅仅是高速发展，也很注重整个发展过程中的和谐程度。基于和谐视角下的生态运作模式，其核心理念就是可持续性、可再生性、可协作性及和谐性。之所以基于和谐视角，一方面体现了竞争情报服务体系的人性化运作，也使得竞争情报服务体系更好地循环运作，维护和谐的生态环境，提升组成人员的工作效率，主要体现了公平性原则。中小企业竞争情报服务体系是一个庞大的人际关系网络，主体是各个组织机构，客体是依附于它们的相应的高新技术。无论是人际组织还是技术设备，都讲究生态性，即可持续性及和谐性。整个服务体系成员之间要遵循统一的原则，在统一的运作链上发挥各自的职能，并构建相应的交流工作室，定期讨论交流，提高整体团结力度，最终实现竞争情报服务体系的和谐发展。

（4）基于合作契约视角下的虚拟运作模式

竞争情报服务体系是一个复杂的多功能的多元化的服务体系。这种体系存在隐性的运作模式，这种模式主要是基于一定的价值理念、规章制度并以意识流及文字的形式带动整个服务体系的运作，即虚拟运作模式。虚拟运作模式是基于合作契约视角下建立的，其核心价值理念是合作性、制度性、开放性、突破性。之所以基于合作契约视角，是因为竞争情报服务体系价值理念是共赢，既然要共赢就需要合作，这样才能提升竞争情报服务体系的运作绩效。契约能激发各个组成人员的工作热情，是一种责任和动力，可以更快速地实现竞争情报服务体系的价值，这体现了共赢性原则和时效性原则。竞争情报服务体系在政府的领导下，遵守政府制定的法律法规，三个层面的组织机构依据服务体系制定的规章制度，以及相互之间的合同条约、技术支持、股权参与等，协调整个竞争情报服务体系的运转。各个组织机构以服务中小企业为核心，相互合作、相互完善、相互制约，虚拟运作模式的本质像一个动态联盟的运作模式，没有固定的法人资格，是一个开放式的组织团体，各个组织机构都是竞争招标和自由精选出的精英团队，提高中小企业超常的竞争优势。基于合作契约视角下的虚拟运作模式将会促进竞争情报服务体系的飞速运转。

5.3　中小企业竞争情报服务
体系运作模式的构建

　　中小企业竞争情报服务体系是基于宏观层面、中观层面及微观层面的复杂而庞大的服务体系，运作模式就是为了使复杂的服务体系变得简单可行。如今各种企业经营模式不胜枚举，但企业必须针对自身的实际情况选择适合自身的发展模式。现阶段关于竞争情报在中小企业中的运作模式的研究层出不穷，例如企业竞争情报系统的主要模式[①]；具有代表性的产业集群下竞争情报模式[②]；企业管理相关模式[③]；BOT 模式及其衍生模式[④]等。本书不仅借鉴了各个领域的运作模式，也结合企业自身的特点，构建了适合中小企业竞争情报服务体系的运作模式，即钟摆—金字塔—生态—虚拟运作模式。竞争情报服务体系构作为中小企业生存的指明灯，其如何高效运营成为整个服务体系研

---

　　① 谢新洲，包昌火，张燕．企业竞争情报系统的主要模式 [J]．图书情报工作，2002 (11)：21-26.

　　② 高士雷，吴新年，张立超．产业集群环境下中小企业竞争情报模式研究 [J]．图书情报工作，2010 (11)：85-88.

　　③ 罗平，祝丽．服务于电信企业的第三方物流企业服务模式研究 [J]．现代商业，2007，18：39-40.

　　④ 范力君．BOT 模式用于高校建设项目相关问题探讨 [J]．中小企业管理与科技，2011 (11)：263-264.

究的关键及核心，竞争情报服务体系讲究的是人性化、和谐化、高效率及科学性，所以竞争情报服务体系的运作不是单一化的操作模式而是多元化多功能的操作体系，钟摆运作模式的核心是循环，金字塔运作模式的核心是层级，生态运作模式的核心是和谐，虚拟运作模式的核心是合作契约。这些运作模式组成一个大的运作体系，以和谐为中心，以层级为指导，以循环为方针，以合作契约为目的，共同协作运转，使得竞争情报服务体系效益最大化，这也是构建此运作模式的缘由。中小企业竞争情报服务体系的运作模式构建，如图 5.2 表示。

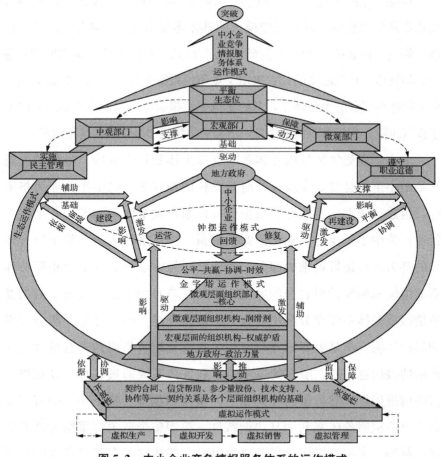

图 5.2　中小企业竞争情报服务体系的运作模式

中小企业竞争情报服务体系运作模式的本质是一个多元化的混合的服务模式，任何单一的模式都不利于企业的长远发展，企业要想灵活应对复杂的竞争局面，就要借鉴标杆企业的运作模式，并成功地移植高效的运作模式。钟摆—金字塔—生态—虚拟运作模式由四大基本模式构成，即钟摆运作模式、金字塔运作模式、生态运作模式及虚拟运作模式。

5.3.1 中小企业竞争情报服务体系的钟摆运作模式

钟摆运作模式是一种循环的有规律的可预见的运作模式，类似 BOT 模式及其衍生模式。钟摆运作模式的具体运作流程是：建设—运营—回馈—修复—再建设。之所以选择钟摆运作模式，是因为钟摆运作模式是基于循环视角下建立起来的，它决定了竞争情报服务体系的运作轨迹，是一个无限循环更新的服务体系，节约了竞争情报服务体系的运作成本，降低了投资风险，积累有效情报信息，增加竞争情报服务体系的情报价值。

中小企业竞争情报服务体系的支撑主体是地方政府，最终的受益人是中小企业自身。在地方政府为支柱的前提下，以中小企业为指南针，组建一个中小企业竞争情报服务体系。这个体系涵盖了各个优秀行业，为中小企业提供充足的竞争情报。接下来的运营是整个服务体系的动力，也是最艰难的部分，各个层面的中小企业竞争情报服务体系的组织机构要针对自身的状况，履行好自身的职责。宏观层面的竞争情报服务体系要充分利用其强大的政策支持，维护好整个服务体系的运行环境，越是了解地方政府相关政策就越容易得到最有价值的丰富的情报信息，这一层面的竞争情报服务体系要通过各种途径获取丰富的情报信息，然后密封存到相应的情报数据库。接下来，中观层面的竞争情报服务体系利用其协调特性，稳固整个竞争情报服务体系的运行氛围，本组织机构的行业协会以及一些咨询中介都是良好的情报渠道，要及时把握好最新情报信息，然后也储备到相应的情报数据库；微观层面的竞争情报服务体系其实就是最直接的受益者——中小企业自身。"知彼知己，百战不殆"，本组织部门是企业的内脏，是最了解企业需求与发展状况的组织部门，本层面的竞争情报服务体系积极提供本企业的经营状况以及需求，然后以地方政府为代表组织其他各个机构整合分析采集的情报信息。接下来是反馈工作，一方面是企业要为各个组织机构的努力做出回应，还要对搜集的情报分析结果进行回馈。然后是再改进，企业通过回馈发现存在的不足，及时和其他组织机构交流，及时弥补，找出解决方案，包括整个运行环境是否要进一步完善等举措都要加以慎思。最后是继续建设，就是从情报采集、分析到使用这一过程结束后继续循环这条情报信息链，一方面增强中小企业的竞争情报能力，另一方面节约企业竞争情报投入，达到预期最佳绩效。

5.3.2　中小企业竞争情报服务体系的金字塔运作模式

金字塔运作模式是一种多层级结构的有重点的集中模式。一般说的金字塔都是一种森严的等级制度，其实一个企业无论是生产操作还是行政管理都隐藏这样一个层级关系，这种层级关系在一定程度上也影响整个企业的运行效率。之所以选择这种运作模式，是因为要想使得竞争情报服务体系循环运作，必须进行职能细分，减少职权滥用，以及不必要的职责争执，这种基于层级的运作模式可以有效地规避一些职能混搭，增强竞争情报服务体系的运作效能，便于管理，从而更好地服务中小企业战略决策，而且利用好这种层级关系将引导企业的良性发展。金字塔运作模式的最底层是地方政府。地方政府拥有强大的政治资源，能够运用合法手段维护中小企业的利益。而且最重要的是地方政府是最有实力去采集竞争情报的。联合国教科文组织研究报告显示：政府部门掌握了巨大的信息资源，据统计只有不到20％的社会信息是没有价值的。另据统计，我国有 80％的社会信息资源、3 000 多个数据库掌握在政府部门手中①，除此以外，政府部门为中小企业提供良好的政策服务和法律环境，帮助中小企业建立风险评估及预警服务，也帮助中小企业召开各种有价值和具有引导性的活动，例如交易会、展览等。地方政府是整个竞争情报服务体系的强大后盾，所以起到基础作用。接下来上面一层是宏观层面的组织机构，它们与政府关系最亲密，所以对企业的帮助相对较大，如银行业协会、中小企业协会等，不仅从融资上帮助中小企业发展，也分析中小企业所处的竞争环境、存在的竞争对手，最终给中小企业一个合理的战略建议和意见。接着上面一层是中观层面的组织成员，这是整个竞争情报服务体系中队伍最多元化的成员组织，是来自各个领域的组织机构，而且受地方政府的影响相对较少，也就减少了约束，是比较灵活的富有创造性和个性的一层组织成员。例如行业协会、民间商会、高校及科研院所等，这些组织团体最大的特点就是具有协调性、活力，不仅帮助中小企业应用灵活的方式获取有效情报信息，并从多个角度分析情报信息，拓展企业战略决策的视野，也提高战略决策的可信度及安全度。最上层就是微观层面的组织部门，这个部门至关重要，是整个服务体系的心脏，因为只有企业自身最了解自己。中小企业借助外援，获取最有价值的情报，并根据各个层面的组织机构撰写的情报分析报告，从自身实际出发，做出回应，及时调整战略决策，做到风险最小化，收益最大化。

5.3.3　中小企业竞争情报服务体系的生态运作模式

生态运作模式是一种和谐的、可持续的、民主化的管理模式。21

---

① 金玉慧．信息化时代的电子政务与电子政府［J］．山西财经大学学报，2009（4）：139－144.

世纪最关注"和谐"，人类所有的努力都是为了有个和谐美好的家园，企业也一样，无论做怎样的战略决策都是为了维持整个市场健康运转。生态运作模式其实就是要求企业生态经营、生态发展。之所以选择这种运作模式，是因为竞争情报服务体系的循环运作、层级管理，必须在一个和谐的大氛围中才能得到更好的实现，生态运作模式正是基于和谐运作视角，才能够最大限度减少整个服务体系的内部摩擦，提高服务体系运作效率，增强中小企业的团结力、凝聚力。

中小企业竞争情报服务体系是一个循环的有规律的服务体系，要想持续良好运作下去，则必须坚守自身的"生态位"①。首先以地方为支撑的服务体系要能够坚守相关的政策法规，维护良好的法律秩序及市场秩序，避免违法乱纪，扰乱市场秩序。宏观层面的组织机构在与政府频繁接触的同时，不可另开绿色通行证，与其他层面的组织机构平等对待，避免不必要的纠纷与矛盾。中观层面的组织团体最为复杂，这时候要有自律意识，要能够协调相互间关系，求和求稳，树立共同的目标，就是为中小企业服务。最后也是最重要的微观层面的组织部门，即中小企业自身，是整个服务体系的核心，一方面自身要发挥标杆作用，自觉遵守相应的法律法规以及行业原则，让整个企业融入浓厚的良好的职业道德风范，再次就是能配合并协助其他层面组织机构的工作，及时反馈。最后整个服务体系要建立专门的交流平台，在中小企业的组织下建立个性化、人性化的交流平台，定期组织各机构成员交流近期的职能运作状况，发现存在的分歧，并且能够以最快的速度和最高的效率解决不断出现的问题，对不同领域的组织机构实行差异化管理。在整个大的运作原则的前提下，可以制定差异化的运作体制，这样才能减少各个组织机构间的冲突，降低运作风险，提高运作

①　杨大春．创新驱动型经济模式下的高职院校发展战略研究［J］．无锡商业职业技术学院学报，2009，9（1）：57 - 58．

效率，减少纠纷带来的各种损失。只有坚持生态发展，才能使中小企业竞争情报服务体系实现良性循环发展。

5.3.4 中小企业竞争情报服务体系的虚拟运作模式

虚拟运作模式是一个合作契约的开放运作模式。虚拟运作是指企业通过相应的契约合同、信贷帮助、参少量股份、技术支持、人员协作等方式与其他组织机构建立较为稳定可靠的关系，从而将企业价值活动集中于自己优势方面，而非其专长方面外包出去。本质就相当于虚拟企业运作，基本流程包括虚拟生产、虚拟开发、虚拟销售、虚拟管理等[①]。之所以选择这种运作模式，是因为中小企业自身缺陷，如资金不足、设施不完善、技术不发达等原因，要求其最大限度节约成本，降低投资风险，而且在和谐的运作环境中，良好的层级关系、合理的循环运作模式使得竞争情报服务体系虚拟运作更游刃有余，它不仅提升了竞争情报服务体系的运作效率，也一定程度上提高了中小企业的合作能力，增强了中小企业的契约意识。

本章的中小企业竞争情报服务体系是由众多组织机构组成，具有动态性特点，所以虚拟运作模式也是一个动态联盟统一运作的独特模式。整个服务体系组织成员都是由企业竞争招标和自由选择方式选出的合作组织。这是一种超出常规的运作模式，没有固定成型的设备资金，超越企业有形界限，弱化具体实物组织，最大限度地借助外力，提高中小企业的核心竞争力。中小企业虚拟运作模式的核心是协作式的运作模式[②]，它除了一般的虚拟运作流程，还需要外设一个专门的协调管理机构，提升服务体系的效率，这种效率的高低也主要是由竞争情报服务体系组织机构间的契约关系决定的。中小企业竞争情报服务

---

① 马晓里. 虚拟企业的情报运行机制研究 [J]. 情报科学，2009，27 (6)：824-828.

② 白嘉. 虚拟企业运作模式及其管理系统研究 [D]. 西北大学，2007：36-41.

体系组织机构间必须存在正式的契约关系，各个组织机构间除了有合作关系还有竞争关系，契约关系的成立能够协调相互间的活动，它是整个虚拟运作的核心理念①，能够抑制不和谐境况的发生。各个组织机构可以认购中小企业的股份，帮助中小企业融资，或提供技术支持，也可以相互借鉴、相互扶持，在遵守统一的条款的前提下，各个组织机构可以动态地个性化地运作发展。虚拟运作模式也是一个开放性的运作模式，服务体系的组织机构分享各自搜集的情报信息，使得各个组织机构再次更新整合信息，筛选出最有价值的情报信息。整个服务体系在政府政策方针的支持下，依据契约合作关系，服务于中小企业发展。这种虚拟运作模式一定程度上降低企业的投入成本，降低企业的运营风险。

这四个运作模式之间相互联系、相互制约、相互促进，共同构成了统一的运作模式。竞争情报服务体系的良好运作离不开每一个运作模式的有效运行。从图 5.2 就可以看出它们之间的关系，这里不赘述，总的说来，它们之间的关系是前提、保障、支撑、动力、驱动、激励、协作以及影响等。

5.4　大数据环境下的企业竞争情报蛙跳模式构建研究

本章在大数据的背景下，以提高企业自身实力及战略地位为目标，阐述大数据背景下的企业竞争情报蛙跳模式构建的必要性与可行性，并阐述其构建原则，运用文献调研法、系统分析法，基于蛙跳理论，依据竞争情报系统四大基本功能，构建大数据背景下的企业竞争情报蛙跳模式。

---

① 沈江．徐曼．王天宝，等．基于虚拟企业战略行为的契约关系机制［J］．计算机集成制造系统，2005（5）：781-786.

　　数据爆炸式增长推动社会加速运转，整个世界变成一个无法测度的数字黑洞，庞大的数字汇聚，加大了数据操控的难度。互联网、物联网、移动互联网、智能终端设备、云计算等的核心都是加强数据的关联性，提高数据的利用效率。自 20 世纪 60 年代，"数据科学"（data science）被提出，到 2008 年 9 月，"大数据"在《自然》杂志上被阐述，2011 年 5 月易安信（EMC）公司在"云计算遇到大数据"大会上正式提出"大数据"概念，之后麦肯锡、IBM 等先后也对"大数据"进行研究报告，紧接着 2012 年 3 月，奥巴马政府也开始大幅度投资大数据事业[①]，可见大数据越来越受到重视，这也展现了 21 世纪的时代特色。IBM 与 IDC 将大数据属性概括为"4V"属性，即大量化（Volume）、多样化（Variety）、快速化（Velocity）和价值高（Value），[②③] 体现了大数据数据量大及结构复杂的特点。大数据时代，企业每天处理的数据从太字节（TB）级别，飞速跨越到拍字节（PB）级别，非结构化的数据逐渐占据主导地位，传统的技术、方法已经让企业陷入发展的瓶颈，此时更凸显竞争情报的重要性，掌握在浩如烟海的数据中萃取竞争情报的方法，将成为企业出奇制胜的法宝。

　　目前企业竞争情报模式层出不穷，如基于软件平台的 SaaS 模式、基于网络平台的电子商务的 B2B 模式、基于理论平台的复杂系统理论模式[④]，以及目前流行的众包模式[⑤]等。分析这些模式的共性，首先企

　　① 王忠. 美国推动大数据技术发展的战略价值及启示 [J]. 中国发展观察，2012（6）：44－45.

　　② What is big data [EB/OL]. [2013－04－07]. http：//www－01. ibm. com/software/data/bigdata/.

　　③ NetApp. Big Data Solutions for Government [EB/OL]. [2013－04－07]. http：//www. netapp. com/us/solutions/industry/government/bigdata. html.

　　④ 郑荣，彭玉芳，李千，等. 中小企业竞争情报服务体系的运作模式研究 [J]. 情报理论与实践，2013，7（36）：15－19.

　　⑤ 陈强，吴金红，张玉峰. 大数据时代基于众包的竞争情报运行机制研究 [J]. 情报杂志，2013，32（8）：15－18，26.

业在竞争情报模式中处于被动获取竞争情报的位置，企业较少参与模式运作容易忽略企业真实状况，并影响最终决策的时效及可行性；其次这些模式都是应对突发事件的灵活性较低，因为在前期考虑应急举措功能较少；再次这些模式对新技术的敏感度较低，大数据环境下必然影响竞争情报；最后是竞争情报决策时效较低，例如作为当下流行的众包模式，它向社会征集竞争情报决策方案，虽然决策资源丰富，但不足之处是决策时间长，无法应对变化莫测的市场竞争。面对当前模式的不足，构建新型的企业竞争情报模式迫在眉睫。本章构建的企业竞争情报蛙跳模式，突破按部就班的发展思维模式，企业应建立完善的预警机制，以巩固其在竞争情报模式的绝对领导地位，灵活应对突发事件，对新技术高度敏感，对最终决策快速定位，这些转变帮助企业积极应对大数据时代的竞争。

　　本研究意在提高大数据环境下的企业竞争情报能力，植入"蛙跳理论"的理念，其强调技术发展过程中新技术的发展机会将给企业的发展带来新的转机[①]。之所以选择"蛙跳理念"，主要因为在日趋激烈的竞争环境以及新技术的更新换代加速的情况下，企业需要在最短时间做出最有效的战略决策，需要能够机智灵活地选择最优决策方案，有能力应对突发性事件，迅速排除不必要干扰因素，跨越式前进，提升应用新技术、新理念的能力，以智能化、最优化为方向，丰富企业的可发展空间，而蛙跳理论不仅强调新技术，也注重企业发展理念，这是本章的一个创新点。本研究另外一个突破点是企业作为整个运作模式的领导者、协调者，充分利用大数据资源，并基于竞争情报系统的四大功能，构建大数据环境下的企业竞争情报蛙跳模式。全文应用文献调研法及系统分析法，并结合协同理论、复杂系统理论分析，使

---

　　① 全自力，王媚莎. 蛙跳效应理论的产业转移与企业绩效实现机制 [J]. 2009 (11)：11-13.

得模式的构建更具可行性。

5.4.1　蛙跳模式构建的必要性和可行性

大数据环境下的企业竞争情报蛙跳模式研究的必要性，从时代背景及蛙跳模式构建自身角度分析。从时代背景分析：首先是大数据的时代特性。宽带技术的快速发展，提高了人们网上冲浪的时效，推动了移动互联网的普及以及智能终端设备的出现，使得数据流呈阶梯式急剧增长；各种数据载体的出现，极大丰富了数据流的类型；快节奏的智能生活方式，也加剧了数据流传播速度，如何从复杂庞大的数据流中挖掘出有价值的竞争情报，将成为企业攻克的难点。其次是竞争情报的地位更加显著。"人类以前延续的是文明，现在传承的是信息。"大数据的出现，使得情报信息更加重要，企业如何在数据海洋中在最短时间内挖掘出最有价值的情报信息将成为企业制胜的关键，正所谓"得大数据者得天下"。

从蛙跳模式自身角度分析：首先是目前企业竞争情报模式的不足。目前企业竞争情报模式弊端愈加凸显，如上文所述，无论是从技术角度还是从发展理念角度看，都存在很多不足，所以寻求新的竞争情报模式任重道远，而本研究的蛙跳模式正努力弥补这些缺陷，满足大数据时代的企业竞争情报发展。其次是企业发展已进入瓶颈期。目前大中小微企业数不胜数，企业之间的竞争愈加激烈，企业的架构模式日趋成熟，无论在资金、产品还是规模上，企业都已经逐渐完善，突破大数据发展的桎梏愈加关键，面对复杂多变的竞争环境，如何提高预警能力、灵活应对突发事件、提高决策时效更为重要，蛙跳模式可回答这些问题，所以对其研究是必要的。

大数据环境下的企业竞争情报蛙跳模式研究的可行性，要从时代背景及蛙跳模式构建自身角度分析。从时代背景分析：大数据环境特性给竞争情报蛙跳模式的构建营造良好的可行环境，尤其是大量新型高端技术的出现，例如物联网技术、云计算技术、传感技术等的出现，使得竞争情报蛙跳模式更具智能性。从蛙跳模式自身分析：蛙跳模式不仅强调对新技术的快速领悟能力，也强调企业发展路线。本模式在企业的指导下，充分利用大数据资源如智能技术、大数据人才等。该模式突显前瞻性和跳跃性，不仅能预警和应对突发事件，也能从大数据中快速取舍，灵活选择决策方案，这些特性增强了企业的竞争情报意识，使得竞争情报蛙跳模式更具可行性。

5.4.2　大数据环境下的企业竞争情报模式构建原则

大数据环境下的企业竞争情报模式构建意在给企业的发展提供新的视角，增强企业大数据的情报观，提升企业竞争情报能力。本章构建的企业竞争情报蛙跳模式构建所遵循的原则，如图 5.3 表示。

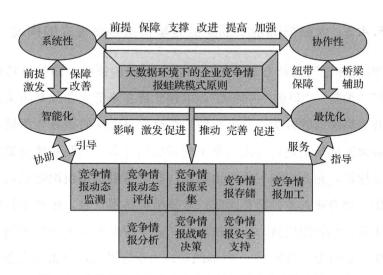

图 5.3　大数据环境下的企业竞争情报蛙跳模式构建的原则

本章从四个方面简述大数据环境下的企业竞争情报蛙跳模式构建的原则：

1）系统性原则　系统性的核心是"整体"，企业自身掌控企业竞争情报蛙跳模式运作，从整体大局上把握企业竞争情报运作方向，各个子模式融合为一个整体，相互影响，相互作用，共同服务企业竞争情报工作，它是整个模式实现的基础和保障。

2）协作性原则　大数据环境的复杂性决定了企业做好竞争情报工作，需要企业协调管理好各个部门，相互协作，共同完成企业竞争情报任务。

3）智能化原则　大数据时代的最显著特征就是智能化、电子化，拥有大量的智能设备，减少人工干预，提高企业工作绩效。

4）最优化原则　大数据环境下的企业竞争情报蛙跳模式的宗旨是实现企业竞争情报能力最强化，要求各个子模式处理精英化，以最短时间甄别出最优操作方案，注重竞争情报工作时效、时刻关注竞争情报动态变化及更新频率，为企业竞争情报提供优质化服务。

5.4.3　大数据环境下的企业竞争情报蛙跳模式的构建

"蛙跳理论"的核心是新技术对企业发展的影响，归纳其特性是"跳跃""纳新""稳健""择优"，本理念旨在降低企业战略决策的时延，并提高决策的科学性、可行性。本模式与以往的企业竞争情报模式的最大区别是企业自身成为整个模式的领导者，摆脱其他资源的绝对领导地位，充分利用三大平台资源（竞争情报机构组织侧重人才资源提供，如专业人才、精英团队；竞争情报技术平台，侧重于智能化资源供应，如智能设备、智能技术等；竞争情报服务平台侧重物质资源提供，如资金、政策等），以蛙跳理论为指导思想，是依据竞争情报系统四大功能和企业竞争情报蛙跳模式的宗旨，构建起来的。本模式由八个子模式组成，分别是竞争情报动态监测子模式、竞争情报动态评估子模式、竞争情报源采集子模式、竞争情报存储子模式、竞争情报加工子模式、竞争情报分析子模式、竞争情报战略决策子模式及竞争情报安全支持子模式，如图5.4表示。

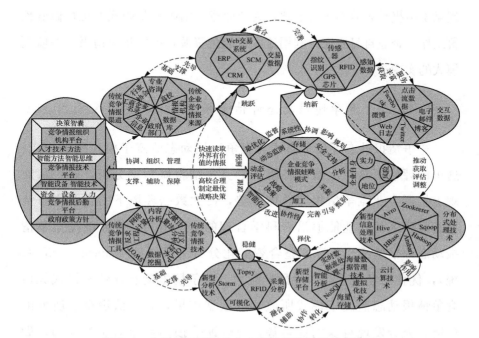

图5.4 大数据环境下的企业竞争情报蛙跳模式构建

5.4.3.1 竞争情报动态监测子模式

物联网、互联网尤其是日趋广泛应用的移动互联网的发展，使得网络传输呈永动状态，加上社交网站的频繁互动，如微博、脸书、微信等，以及各种传感设备、导航设备等，产生了大量的流动数据信息，这些数据信息潜移默化地影响人们的生活。例如2008年阿里巴巴借助整个买家的询盘数推断出外贸动态，这都说明了在大数据环境下对竞争情报动态监测的重要性。传统的竞争情报动态监测是基于最基本的情报源，如时刻关注市场行情、竞争对手实力、企业自身的运营状况等，监测如此庞大的动态数据是巨大的挑战，竞争情报动态监测子模式要借助分布式处理技术，如 Hadoop、NoSQL、MPP 等技术监测分析大数据时代的企业竞争情报，这些新技术的采用，转变企业以往的竞争情报监测模式，实现竞争情报动态监测的智能化，为企业竞争情报蛙跳模式的运行做好预警工作。企业自身要充分利用这些智能化资源，指导竞争情报动态监测模式的实现。

5.4.3.2 竞争情报动态评估子模式

竞争情报动态评估子模式与竞争情报动态监测子模式相辅相成，这里的评估不是对大数据环境下的竞争情报做精确分析，而是从宏观上把握企业竞争情报的总体态势，使大数据环境下的企业竞争情报蛙跳模式的作业能够沿着科学合理的方向运转。企业依托竞争情报动态评估子模式，深度整合智能化分析工具（如 Valuetoo、ER 系统），优化市场决策与风险预警能力。竞争情报动态评估子模式凭借竞争情报动态监测子模式所监测的数据结果，充分认识企业所处的环境，充分发现自身的优劣势，及时评估预测竞争对手的实力，做到"知彼知己，百战不殆"。

5.4.3.3 竞争情报源采集子模式

传统的企业竞争情报的采集，从宏观层面是通过银行业协会、中国外经贸企业协会、企业服务中心、企业协会等组织机构获取相关情报；从中观层面是依据行业协会、地方知识产权局、民间商会等获取竞争情报；从微观层面是通过企划部、人力资源部、市场部、客户服务部、信息技术研发中心等获取竞争情报[①]，大多是通过人工直接或间接地提取情报信息。大数据时代，除了继续采用传统的情报采集模式，

---

① 郑荣，彭玉芳，曲佳艺，等. 中小企业竞争情报服务体系构建研究 [J]. 情报理论与实践，2012，35（8）：74-79.

也要更注重像新型智能采集技术的选用。

　　大数据背景下产生的数据更偏向数字化、移动化，主要由结构化、半结构化及非结构化的交互数据、交易数据及感知数据组成[1]。企业竞争情报蛙跳模式下的竞争情报源采集子模式，一方面采用实时搜索引擎，并融合情景搜索、微博搜索、语义搜索等多种检索模式；另一方面超越现有技术，灵活应用分布式处理技术，如通过 Scribe、Flume、Chukwa 等工具，高效地抓取网络文本；对于非结构化的网络数据采集通过网络爬虫或网站公开的 API 等途径来获取，并采用结构化方式存储，提高数据之间的关联度等，企业要根据自身需求及实力有所取舍地选择采集模式。

5.4.3.4　竞争情报存储子模式

　　大数据的最显著的特点就是"大"，这些数以亿计的数据如何存储，对企业是一种挑战。随着云计算技术的快速发展，基于分布式存储架构的云盘（如块存储、对象存储）已成为企业级大数据存储的主流方案。主流云服务商（如华为云、阿里云、腾讯云）通过智能运维、多 AZ 容灾等能力，构建高可靠、高性能的存储设施。传统企业存储多采用集中式数据仓库架构，将结构化数据（如交易记录）集中存储于单一系统，并通过专用设备进行离线分析，这样依赖硬件扩容且缺乏非结构化数据支持，面临扩展性瓶颈和处理效率双重制约。

　　企业竞争情报蛙跳模式下的竞争情报存储子模式跨越传统的数据仓库存储技术，进而使用基于云计算技术的分布式存储技术。如文件级别的访问存储器——横向扩展 NAS：SONAS、NetApp、X9000 等；

　　①　Hortonworks：驱动大数据市场的七大关键动力［EB/OL］．［2012-07-12］．http：//www.199it.com/archives/44573.html.

对象存储：RING 体系结构、Atmos 平台等，它们有很强的扩展性，支持数亿文件及 PB 级存储文件的并行处理；又如 Google 等公司使用的 Hyperscale 存储技术，可以通过 Hadoop 技术来提高大数据的存储分析能力，尤其是 Hyperscale 的冗余备份技术能降低数据损失率；再如 ViPR，其系统性的存储池使得整个大数据存储更有条理；以及 Nutanix，其庞大的吞吐量也是企业存储的后备选择。面对这些复杂多样的存储技术，竞争情报存储子模式要能根据企业大数据存储的需求以及所收集到的大数据样本，跳跃式选择。评估自身经济实力，合理利用现有免费的云端存储服务，再根据现有业务量、预测可得效益决定是否采用高端的存储技术。

5.4.3.5　竞争情报加工子模式

竞争情报加工子模式是竞争情报分析子模式的前提和保障，这也是企业竞争情报蛙跳模式的关键环节。传统的竞争情报加工，是对收集来的情报信息进行自动分类、自动标引等技术。大数据时代，收集到的数据的冗余度和污染程度更大，基于云计算技术，构建云端的数据仓库，智能化清理大数据，并统一规范、融合、转化复杂的数据结构，为整个模式运行提供纯净度、价值度最高的数据。

5.4.3.6　竞争情报分析子模式

竞争情报分析子模式是企业竞争情报蛙跳模式的核心，精准的分析将影响整个企业的运转方向，决定企业的成败。传统的企业竞争情报分析方法大多是社会网络分析法、链接分析法、SWOT 分析等，这是竞争情报分析方法的基石。大数据时代，智能快速精准分析情报是核心竞争力。企业需要转变传统分析思维，充分利用目前新兴技术，如可视化、众包、数据融合和数据集成、自然语言处理、A/B 测试、聚类分析、数据挖掘、神经网分析、情感分析、机器学习法、预测建模等 26 种分析技术[①]，竞争情报分析子模式融合这些分析技术，提高竞争情报分析的时效。此外可以通过 MapReduce 这一处理技术，进行实时分析，实现企业竞争情报智能化分析，节约企业运作成本，再结合目前流行的可视化技术，进一步扩展竞争情报分析的维度。

5.4.3.7　竞争情报战略决策子模式

竞争情报战略决策子模式是大数据环境下的企业竞争情报蛙跳模式的最终成果。传统的竞争情报战略决策大多是以分析的竞争情报结果作为依据，更多是结合自身的业务经验来制定竞争情报战略，而大数据时代，竞争情报战略决策的核心支柱是采集分析大数据，如亚马逊、宝洁、京东、阿里巴巴等都有自己专门的大数据库，显而易见大数据在整个战略决策制定中占据举足轻重的地位。竞争情报战略决策子模式要依靠竞争情报源采集子模式及竞争情报分析子模式，智能分析与人工分析相结合制定企业发展的最优化决策方案，使得企业在大数据时代迅速变成超能力型企业。

5.4.3.8　竞争情报安全支持子模式

企业的安全问题任重而道远，它是企业顺利发展的保护伞。竞争情报安全手段都从技术手段、管理手段、法律手段入手，如设置的人员表示系统、区域监视系统、网络及通信保护系统（加密技术）等[②]，大数据时代的企业竞争情报安全也不例外。从技术手段看，一方面继续使用传统的安全技术，另一方面，面对海量的大数据采用新型的安

---

① 李广建，杨林．大数据视角下的情报研究与情报研究技术［J］．图书与情报，2012（6）：3-5.
② 王延飞．竞争情报方法［M］．北京大学出版社，2007：199-201.

全技术，如云端访问安全代理服务、内容引爆与 IOC 确认、安全数据仓库的构建、智能判别威胁等技术；从管理手段看，核心就是让整个企业树立安全情报意识，并签订安全保密协议等；从法律层面看，除了国家政策法规制定的竞争情报安全保护法规，企业自身也要制定相应的规章制度。竞争情报安全支持子模式的成功运营将会给企业带来不可估量的收益。

企业竞争情报蛙跳模式，是一种新的竞争情报运作理念、新的企业竞争情报方式、新的系统模型的融合。在企业自身的指导下，其八个子模式之间相互制约，相互推动，相互监督，共同实现企业竞争情报蛙跳模式的智能化、最优化。这种模式的跳跃性表现在对技术选择、情报甄别、决策评估等方面。

5.4　本章小结

本章是在中小企业竞争情报服务体系的构建的基础上，继续研究其运作方式。首先描述中小企业竞争情报服务体系运作模式构建的原则，分别遵循公平性原则、共赢性原则、协调性原则及时效性原则而构建整个服务体系的运作模式，保证中小企业竞争情报服务体系良好有序地运转，其次阐述中小企业竞争情报服务体系运作模式构建的视角，分别是基于循环视角下的钟摆运作模式、基于层级视角下的金字塔运作模式和基于和谐视角下的生态运作模式，最后阐述中小企业竞争情报服务体系的运作模式的构建。本章阐明企业自身作为整个模式的领导者，充分利用大数据资源，主动获取情报信息，协调各个部门间的运作，减少各个组织部门提供情报信息带来的效用延迟，降低竞争环境的变动带来最终决策的风险，提高最终决策效率，进一步提高企业自身实力及战略地位，以蛙跳理论为核心价值，跳跃式前进，在不断变化中择优。同时抓住大数据带来的更多的智能化资源，实现对管理运作决策的快速智能化。这种理念凸显企业自身的主导权，尽可能摆脱外界决策干扰，实现企业自身管理一体化、智能化。这一新的思维理念应用在企业竞争情报研究工作上，很多地方阐述得不是很成熟，但这种理念的建立是基于现有的技术条件下提出，具有一定的可实施性，将给企业发展带来新的转机。本模式的构建还需要进一步完善，尤其是竞争情报蛙跳模式的八个子模式的运作，今后将继续研究，真正意义上实现企业竞争情报模式转型。

第 6 章

中小企业竞争情报服务体系
成熟度测度模型构建研究

本章从增强企业竞争情报体系功能出发，阐述了竞争情报体系成熟度测度原则，运用文献调研法、系统分析法，以竞争情报体系六大基本功能为依据，构建了企业竞争情报体系成熟度测度模型，提出了竞争情报体系成熟度测度体系指标。

6.1 引言

高速发展的"智慧地球"，不仅带动了"智慧城市"的发展，也促成了"智慧企业"的诞生。企业的信息化取代了机械化，集成式取代了分散式，无论哪一种发展轨迹，都离不开对竞争情报的甄别与利用。为了更好地服务于企业的竞争情报工作，企业竞争情报系统（Enterprise Competitive Intelligence System，简称 ECIS）的构建必是当务之急。许多业内人士认为竞争情报系统将成为继 ERP 后企业最重要的基础信息系统，系统的建设将直接影响到企业的核心竞争力的培育、发展和提升①。目前国内外企业竞争情报系统的建设已经

---

① 吴晓伟，陈丹亚，李丹.国内企业竞争情报系统现状的实证研究［J］.情报杂志，2005
(10)：6.

日趋成熟。据《福布斯》统计分析，全球 500 强企业中，95％以上的企业建立了较为完善的竞争情报系统[1]，并且大幅度地投资竞争情报系统的建设，该系统的构建已经成为企业竞争优势的标志。国内近些年也开始加强竞争情报系统的构建，但仍然属于发展之中，目前只有不到 50％的企业正在构建 CIS，且仅有不到 20％的企业已经构建相对成熟的 CIS，所以建立 CIS 的建立仍任重而道远。纵观国内外竞争情报系统的研究，大多都是从竞争情报理论的角度出发来研究竞争情报系统的构建的。无论是基于指标体系研究竞争情报系统，还是基于博弈理论研究竞争情报服务体系[2]，还是基于高新技术研究竞争情报系统，例如从物联网、信息生态角度，都是站在理论角度去构建或完善竞争情报系统，而从测度的角度研究竞争情报系统的成熟度却很少。从测度的角度研究企业竞争情报系统的成熟度将是竞争情报系统快速发展的突破。

综上所述，本章从测度的角度研究企业竞争情报系统的成熟度，基于竞争情报系统六大基本功能[3]（环境监视、市场预警、技术跟踪、对手分析、策略制定及信息安全），构建企业竞争情报系统成熟度测度模型是本书的创新点及突破点，全书应用文献研究法及系统分析法，并结合相关的竞争情报理论来阐述，以增强本研究的科学性及可实施性。强调企业竞争情报系统构建的完善性及可塑性。

---

[1]　陈丽. 企业竞争情报系统研究综述 [J]. 图书馆学研究，2005 (9)：89 - 91，96.

[2]　王力民，段迎春，彭玉芳. 基于合作博弈的企业集群内竞争情报系统情境策略分析 [J]. 2012，30 (4)：520 - 524，545.

[3]　谢新洲，包昌火，张燕. 论企业竞争情报系统的建设 [J]. 北京大学学报：哲学社会科学版，2001，38 (6)：55 - 68.

6.2 企业竞争情报系统成熟度
测度研究的重要性

莫心宇从人机角度对竞争情报系统进行定义[①]：竞争情报系统是以人的智能为主导、信息网络为手段、增强企业竞争力为目标的人机结合的竞争战略决策支持和咨询系统。企业竞争情报系统是面向企业竞争发展需要，对情报进行搜集整理加工的信息系统[②]。与其他企业管理系统相比较，如 EDPS、MIS、DSS、ERP 等，企业竞争情报系统侧重于对知识情报灵活而有效的处理，而不是简单机械的对事务处理的操作，企业竞争情报系统会给企业带来更大的效益，有利于企业发展的长远之计。日本三菱集团及九大综合商社通过构建精细化竞争情报系统，长期主导产业链资源整合并实现市场主导地位；美国潘尼金融服务公司（PennyMac）依托实时情报分析机制精准追踪同业动态，快速响应市场变化；国内宝钢钢贸企业则借助数字化情报平台动态优化供应链策略，持续构建行业护城河。

由此可知，建立企业竞争情报系统有其重要性及必要性，而竞争情报系统成熟度测度作为战略型评估工具，是衡量竞争情报系统功能好坏的标尺，体现竞争情报系统的效用价值，竞争情报系统成熟度测度模型从企业的生存环境、竞争对手、策略制定以及企业安全角度最

---

① 莫心宇. 企业竞争情报系统的价值研究 [J]. 现代情报，2010，30（5）：167 - 169.

② 罗浩莹. 企业竞争情报系统的研究：以云南建工安装股份有限公司为例探讨 [D]. 昆明理工大学，2008：18 - 19.

大限度实现企业经济效益最大化及可持续发展，是企业长久制胜的
关键。

6.3　企业竞争情报系统成熟度测度原则

企业竞争情报系统成熟度测度模型的宗旨是完善企业竞争情报系
统的功能，并检测企业竞争情报系统功能实现的程度。作为检测模型，
需要对模型进行规范化处理，即制定统一的监测标准，实现测度的科
学化及规范化。企业竞争情报系统成熟度测度原则见图 6.1 表示。

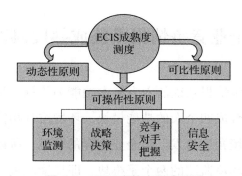

图 6.1　ECIS 成熟度测度原则

本章从三个方面简述 ECIS 成熟度测度原则：

（1）可操作性原则

企业竞争情报系统成熟度测度模型是企业的决策智囊，依靠其完
备的测度标准以及成熟的体系模块，能够评估企业竞争情报系统实现
功能的程度，通过对测度体系指标值的确定对企业竞争情报系统功能
实现程度划分等级。其可操作性具体表现在测度企业竞争情报系统对
环境的监测程度、竞争对手的把握程度、战略决策程度以及信息安全

保密程度四个方面。

（2）动态性原则

企业竞争情报系统成熟度测度体系指标整体处于静止状态，但随着周围环境的改变以及企业自己实力的调整等，势必会影响测度指标作相应的调整，这种变动是微幅度，大效益，且要不定期更新完善。

（3）可比性原则

可比性是指企业竞争情报系统成熟度测度体系指标具有普遍的统计意义，使评估结果能够反映企业竞争情报系统功能的实现上，能从时空角度对企业竞争情报系统的功效进行对比。

6.4 企业竞争情报系统成熟度测度模型

本章是以竞争情报系统的六大基本功能为依据，根据其特点及受控范围，依次融合成四个大的功能模块。环境监视功能与市场预警功能都是从大的环境角度出发，是企业生存的关键，所以把它们归并为一类，作为企业环境监测的两个子模块，即环境监视子模块和市场预警子模块。技术跟踪功能与对手分析功能，是从参与者的角度分析，挖掘企业自身的优劣势，把它们划分为一类，作为企业对手分析的两个子模块，即技术跟踪子模块和对手分析子模块。企业策略制定功能模块是从最终决策角度划分的，而企业安全防范功能模块是从企业保障角度划分的，这种划分符合正常的划分标准。这四大模块之间相互作用，相互制约，共同构建了 ECIS 成熟度测度模型。见图6.2表示。

6.4.1 企业环境监测功能模块

企业环境监测模块主要由环境监测子模块及市场预警子模块构成。

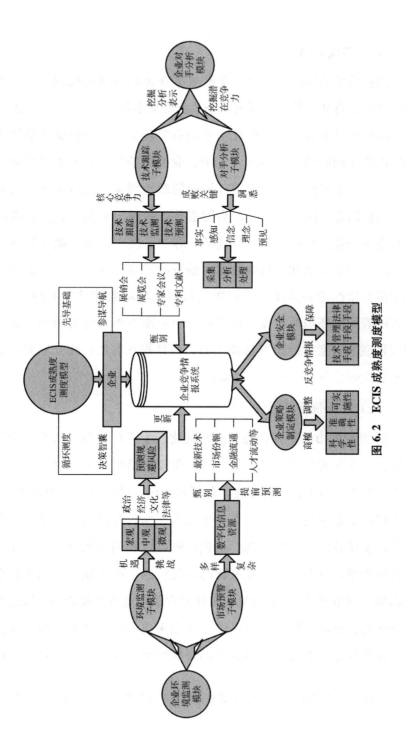

图 6.2　ECIS 成熟度测度模型

（1）环境监测子模块

高新技术的迅猛发展给企业带来了众多的机遇和挑战。面对复杂的信息化、自动化的竞争环境，企业面临众多挑战。ECIS 成熟度测度模型能够帮助企业分析并优化当前的竞争环境，评估企业竞争情报系统环境监测功能的实现情况。关于企业的竞争环境，本书从宏观、中观、微观三个层面阐述，宏观环境包括政治因素、经济因素、文化因素、科技因素、法律因素、社会因素等；中观层面主要包括行业间的现有竞争企业、新兴企业、替代品、客户、供应商等；微观层面就是企业内部的企业文化、核心技术、融资状况等。以这些环境要素构建测度体系指标能够监测企业竞争情报系统环境监测功能实现的水平，并且随着周围环境的改变，体系指标也会跟着作相应的调整。成熟度测度模型的测度指标间不是孤立的，而是相互制约，相互联系，从时空角度比较分析企业竞争的环境。

（2）市场预警子模块

21 世纪的市场不再是简单的机械化、手工化的单一市场，而是多维度、多元素的复杂市场。联合国工业发展组织认为：对于一个企业来说，外部环境中的任何变化，包括技术的、经济的，以及政治因素，都可以对企业的利益乃至生存产生重大影响。如果能阅读早期的预警信号，发现并预知这些可能的变化，就可以利用所剩时间，预先采取相应的措施，避开威胁，寻求新的发展机遇，这种能力在当今社会中变得越来越重要了。[①] 面对复杂多样的竞争，竞争者及竞争手段也变得复杂多样，全新的数字化市场给企业带来更多的机遇和挑战，让企业站在新的视角，审度并规划企业的发展前景。高新技术市场，无论是

---

① 包昌火.加强竞争情报工作，提高我国企业竞争能力［J］.中国信息导报，1998（11）：30 - 33.

产品还是交易场所、技术手段都是基于电子化与信息化，潜在的竞争对手等不稳定因素增加了企业决策的难度。企业需要高瞻远瞩，洞悉企业的未来，预测企业将要面临的风险，提前做好防范准备。

6.4.2　企业对手分析功能模块

企业对手竞争模块主要由技术跟踪子模块和对手分析子模块组成。

（1）技术跟踪子模块

产品竞争是企业的基本竞争，技术竞争则是企业的核心竞争。高新技术层出不穷，逐渐缩短了产品的更新周期，也顺应了市场的需求。信息时代技术迅猛发展，技术竞争力是企业的生存之本，它决定了企业的长远发展。技术跟踪主要体现在对新技术的敏感度以及消化能力，尤其是对企业的长期发展影响很大的技术产品，要能快速觉察，并且能洞悉竞争对手的技术，无论是通过展销会、展览会、专家会议，还是通过专利查询等渠道，都要能从中挖掘出竞争对手的最新技术，通过数据准备、数据挖掘、分析、知识表示等进行技术监测。然后进行技术预测，通过对技术情报进行跟踪，收集充足的情报资料，预测本企业可行的技术产品，以及竞争对手的技术手段[①]。企业的技术竞争战略一般包括技术领先战略、技术追随战略及技术替代战略，企业要做好技术预测，未雨绸缪，抢占市场份额。

（2）对手分析子模块

对竞争对手情报的把握能力是企业成败的关键。拉姆·法希从五

---

① 李艳，齐中英，赵新力．企业技术竞争情报系统概念模型研究 [J]．图书情报工作，2010，54（20）：57-61.

个认知角度分析竞争对手，分别是事实、感知、信念、理念及遇见[①]，这是基于意识角度分析竞争对手情报的，从物质角度分析，其本质是研究竞争对手的最新技术、市场份额、战略决策、财务政策、企业文化等，通过对竞争对手的信息情报进行收集、分析、处理，及时调整企业战略方针，把握好竞争对手的发展动态，合法地获取竞争对手的最新产品研发技术及情报源。及时了解竞争对手的战略目标，并评估其优劣势及竞争能力，再进行自我评估，打破盲目地产品替代及模仿，挖掘本企业的潜在竞争力，为企业战略决策的制定奠定扎实的基础。

6.4.3 企业策略制定功能模块

竞争策略指竞争者依据自身的实际情况、竞争环境以及竞争对手的现状及其采取的行动所制定或策划的有利于自身发展的方案、方法或步骤。竞争情报战略制定的好坏直接决定企业的兴衰成败，所以企业要谨慎地制定竞争策略。企业依据竞争环境、市场需求、竞争对手、企业自身以及企业联盟等信息情报的把握程度，服务于企业的战略决策，从而制定出维持企业优势、挖掘企业自身潜力、适合企业长远发展的战略决策，其准确性、科学性和可实施性是毋庸置疑的。

6.4.4 企业安全防范功能模块

企业安全，从宏观方面指企业全面的可靠、受控制状态，从微观方面指从安全管理和安全行为来表述企业的安全状况，总的来说，企业安全主要指以企业为主体的安全，主要包括企业本身的结构安全和

---

① FAHEY L. Competitors: Outwitting, Outmaneuvering, and Outperforming [M]. New York: John Wiley & Sons, Inc, 1999: 35 - 37.

管理安全两个方面①。企业竞争情报系统成熟度测度体系指标衡量企业竞争情报系统的保密水平，其保密措施的好坏影响企业的战略决策。正如可口可乐公司的经营信条中有一句话："保住秘密即保住了市场。"② 由此可知，竞争情报的保密工作对企业的兴衰是至关重要的。针对竞争情报的隐秘性、排他性等特点，要做好竞争情报保密工作需要一定的人力和物力，有力可靠的技术支撑也是关键。企业竞争情报系统成熟度测度模型从三个方面保护信息安全，防止情报泄露或出卖，这三个方面分别是技术手段、管理手段及法律手段。这里重点阐述技术手段，例如设置的人员标识系统、区域监视系统、网络及通信保护系统（如加密技术）③。一旦泄密事件发生，企业能够及时应对，减少企业损失。

6.5　企业竞争情报系统成熟度测度指标体系

测度体系构建的核心是测度指标体系的确定。测度的本质就是评价，评价是根据评价目的和评价主体的需要设计的，以指标形式反映评价对象特征的要素④。本书构建了企业竞争情报系统成熟度测度指标体系，意在监测企业竞争情报系统的功能实现程度，并划分等级，进一步提高企业竞争情报系统实现自身功能的能力。根据以上测度原则及四大功能模块，构建了企业竞争情报系统成熟度测度指标体系，见表 6.1 所示。

---

① 党梅梅. 企业安全理念体系及建设研究［D］. 中国地质大学，2011.
② 莫心宇. 企业竞争情报系统的价值研究［J］. 现代情报，2010，30（5）：167 - 169.
③ 王延飞. 竞争情报方法［M］. 北京大学出版社，2007：199 - 201.
④ 王宁建. 中央企业绩效评价指标体系研究［D］. 西南财经大学，2010.

表 6.1　企业竞争情报系统成熟度测度指标体系

目标层	一级指标	二级指标	指标说明
企业竞争情报系统成熟度	企业环境监测功能	国际环境变化的敏感程度（分）	从国际的经济、政治、战略等环境出发，ECIS 成熟度对生产、贸易、投资、金融等方面的变化的反应速度及给企业的战略决策带来的效益
		全球竞争形势的把握程度（分）	全球信息化、欧债的危机、全球同行业的发展轨迹及全球销售额的分布，以及新兴行业的拉动作用
		新技术的了解程度（分）	技术更新周期、最新产品核心技术及其应用状况
		政策法规的获悉程度（分）	国家宏观政策法规及行业政策法规的修订政策，评估这种政策对企业的发展影响
		未来市场需求的预测程度（分）	消费者购买能力、消费者购买力倾向、产品性能需求变化、供需比率、价格变化、行业技术发展、市场结构调整、供应商、替代品
		未来行业走向的预警水平（分）	对所监测的企业的同行业的发展趋势，无论是从最新产品、核心技术、市场份额，还是行业融合的趋势等，都做出最快的预警
	企业对手分析功能	竞争对手掌握的全面性（分）	对现有及潜在竞争对手的组织管理及文化体制、产品研发及生产状况、销售与市场状况等全面了解
		竞争对手战略把握的准确性（分）	掌握在市场的竞争地位、在整个市场中的发展状况，准确把握竞争对手目前及未来的发展战略，以及其带来的效益
		竞争对手能力的了解程度（分）	从管理水平、产品经营策略、市场规划能力、技术追踪能力、最新产品研发能力、战略决策能力等角度分析
		竞争对手技术水平的洞悉程度（分）	最新技术核心原理、应用领域、适用程度、与本企业相比其优劣、开发潜质、对企业竞争地位的影响
		竞争对手的业绩（分）	市场定位能力、核心技术研发能力、预测技术发展趋势对企业竞争力的影响、竞争策略反应速度
		竞争对手融资力度（分）	银行贷款能力、其他行业加盟、股市行情、地方政府支持

续　表

目标层	一级指标	二级指标	指标说明
企业竞争情报系统成熟度	企业策略制定功能	竞争情报决策支持程度（分）	对所拟定的策略、相关部门的认可程度
		竞争情报成员的参与程度（分）	制定策略，除了相关部门及行业的参与，还有本企业相关部门人员参与，参与越多，越容易完善策略
		竞争情报部门的地位（分）	所参与的策略制定部门的自身实力及地位评估
		竞争战略决策水平（分）	战略预测与企业发展前景具有针对性、灵活性和前瞻性
	企业安全防范功能	企业安全保护制度的实施程度（分）	企业为了保护自身权益而拟定了一系列安全政策法规，其员工的接纳程度，以及对企业整体运作环境的影响
		企业安全部门规划完善度（分）	企业设置相关安全部门，如信息安全部门、产品质检部门等的合理规划完善水平
		员工反竞争情报意识能力（分）	企业正确的价值理念、科学合理的企业文化建设，认识竞争情报的特殊性及对企业效益的重要性，熟练地掌握相关竞争情报技术例如情报检索技术等，商业机密保护意识，协助领导处理泄密事件，减少企业损失
		信息安全技术投入力度（分）	数据加密技术、防火墙技术、入侵检测技术、企业网络安全管理策略、信息隐藏技术、消息认证技术、密钥管理技术、数字签名技术
		企业知识产权所有率（%）	企业信息安全法律法规制定、专利信息保护、商业机密加密技术、专利产品市场化、本企业相关人员对核心技术的掌握
		主动反竞争情报能力（分）	对手模拟、反逆向工程、伪情报工作

企业竞争情报系统成熟度测度体系指标由企业环境监测功能、企业对手分析功能、企业策略制定功能以及企业安全防范功能四大类指标构成。

（1）企业环境监测功能指标

企业环境包括自然环境与社会环境，基于经济学角度分为宏观环境、中观环境及微观环境。企业环境监测功能指标主要包括国际环境变化的敏感程度、全球竞争形势的把握程度、新技术的了解程度、政策法规的获悉程度、未来市场需求的预测程度、未来行业走向的预警水平这六大类。其中未来行业走向的预警水平指对所监测的企业的同行业的发展趋势，无论是从最新产品、核心技术、市场份额等角度，还是行业融合的趋势等，做出预警的水平。

（2）企业对手分析功能指标

竞争对手情报是企业的核心情报，对竞争对手的把握对企业发展至关重要。企业对手分析功能指标由六大类构成，分别是竞争对手掌握的全面性、竞争对手战略把握的准确性、竞争对手能力的了解程度、竞争对手技术水平的洞悉程度、竞争对手的业绩及竞争对手融资力度。其中竞争对手业绩指竞争对手的市场定位能力、核心技术研发能力、预测技术发展趋势对企业竞争力的影响、竞争策略反应速度；竞争对手融资力度包括银行贷款能力、其他行业加盟、股市行情、地方政府支持等。

（3）企业策略制定功能指标

企业战略的制定关乎企业的长远发展以及收益率。企业策略制定功能指标由竞争情报决策支持程度、竞争情报成员的参与程度、竞争情报部门的地位及竞争战略决策水平四大类构成。其中竞争情报决策支持程度指对所拟定的策略、相关部门的认可程度。

（4）企业安全防范功能指标

企业安全工作的执行关系着企业的利益，安全工作做得越好企业越能获取大的竞争优势，企业才能处于不败之地。企业安全防范功能指标由企业安全保护制度的实施程度、企业安全部门规划完善度、员工反竞争情报意识能力、信息安全技术投入力度、企业知识产权所有率及主动反竞争情报能力。

　　企业竞争情报系统成熟度测度评价体系是多层次、多分支、成体系的指标结构，每个指标对企业的影响力不尽相同，需要各个指标量化。一些变量的指标需要用指数法测算，一些需要专家评分法测算；对于一些不确定的要素量化则采用模糊数学方法处理，例如未来行业走向的预警水平等层次分析法来衡量整个体系指标的权重。

6.6　本章小节

　　本章基于竞争情报系统的六个基本功能，从企业环境监测功能模块、企业对手分析功能模块、企业策略制定功能模块及企业安全防范功能模块来构建企业竞争情报系统成熟度测度模型，意在完善企业竞争情报工作，增强企业竞争情系统的功能。本章基于文献调研法及系统分析法，并简单应用竞争情报理论方法，重点构建企业竞争情报系统成熟度测度模型，且构建了成熟度测度指标体系，衡量企业竞争情报系统成熟度。目前虽然企业竞争情报系统成熟度测度模型的构建还不完善，但其还是具有一定的可实施性。因为目前竞争情报系统构建研究已经日趋成熟，所以在此基础上研究竞争情报系统成熟度是有必要的，如果本成熟度测度模型构建成功，将会直接影响企业的整体规划，还会在一定程度上带动新的行业的产生，例如专门的竞争情报成熟度测度机构。本章的理论阐述虽有不足，但这种设想将是企业可持续发展的一个突破点，值得各个企业思考，也值得竞争情报专业人士继续深入研究，真正成为"智能企业"。

中小企业竞争情报服务体系评价

7.1 中小企业竞争情报服务体系评价指标建立的原则

前面主要阐述中小企业竞争情报服务体系的构建及运作模式，这些工作的绩效需要一个评价模型，本章介绍中小企业竞争情报服务体系评价。对该体系的评价的宗旨是增强中小企业竞争情报服务体系的功能，提高其运作效率，并逐步建立客户对中小企业竞争情报服务体系的信任。通过相应的评价指标，建立中小企业竞争情报服务体系评价模型，时刻监测其运作过程中存在的不足，并及时提出改进方案，实现评价的科学性和时效性。中小企业竞争情报服务体系评价原则具体见图7.1所示。

本章从四个方面简述中小企业竞争情报服务体系评价的原则：

（1）可行性原则

中小企业竞争情报服务体系是根据竞争情报研究的三要素，即竞争环境、竞争对手、竞争策略，结合相应的竞争情报理论与方法建立起来的。整个服务体系有强大的理论支撑，具有一定的可行性。中小企业竞争情报服务体系评价正是在其基础上，研究整个服务体系的工作绩效水平，并从自身和客户角度构建评价功能模块。

（2）动态性原则

中小企业竞争情报服务体系评价是从自身与客户两个角度构建

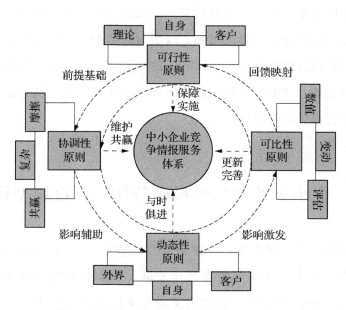

图 7.1　中小企业竞争情报服务体系评价原则

自我监测功能模块与客户反馈功能模块。这两个功能模块受到各种因素的影响，具有很强的不稳定性，所以所构建的测度指标也会随着这两个功能模块的主体的变化而适当做出调整，保证其与时俱进。

（3）协调性原则

中小企业竞争情报服务体系评价是基于自身与客户角度架构的。中小企业竞争情报服务体系自身就是一个庞大的组织机构，而其客户（即中小企业）也是一个复杂的组织，这两者间的交易必然存在一些摩擦，这时候需要二者在遵守相应的契约的前提下，和睦共处，实现共赢。

（4）可比性原则

中小企业竞争情报服务体系评价是阶段性地对中小企业竞争情报

服务体系的竞争情报产品进行检测，发现其需要改善的地方，例如对竞争情报产品的评价指标的增减，或者对评价指标值的调整，然后把这些阶段性观察的值进行全面比较，进一步完善中小企业竞争情报服务体系的功能，并依据这些比较值来评估中小企业竞争情报服务体系的下一个情报产品的质量。

7.2　中小企业竞争情报服务体系评价模型构建

　　纵观国内外发展态势，各种竞争压力接踵而至，随着各种新型产业的崛起，众多企业也开始多元化发展。中小企业融资困难，很难拓展新的市场，这给中小企业的发展带来巨大阻力。中小企业发展的地域性，使得中小企业跨出国门更加艰辛。新时代中小企业竞争市场逐渐演变成多层次、多维度、多元化的竞争市场。正如联合国工业发展组织所言：对于一个企业来说，外部环境中的任何变化，包括技术的、经济的，以及政治因素，都可以对企业的利益乃至生存产生重大影响。如果能阅读早期的预警信号，发现并预知这些可能的变化，就可以利用所剩时间，预先采取相应的措施。避开威胁，寻求新的发展机遇，这种能力在当今社会中变得越来越重要了①。在这种超竞争环境下，中小企业发展模式必须有所突破。在信息泛滥的时代，如何最高效率获取有价值情报成为中小企业发展的燃眉之急。

　　中小企业竞争情报服务体系评价主要是在中小企业竞争情报服务体系构建的基础上，以进一步提高服务体系的运作效率，且准确科

---

　　① 包昌火．加强竞争情报工作，提高我国企业竞争能力 [J]．中国信息导报，1998 (11)：30 - 33.

学地为中小企业的战略决策提供充足可信的竞争情报为宗旨而构建
的评价体系。中小企业竞争情报服务体系评价构建主要把中小企业
竞争情报服务体系中自身和中小企业即客户，作为两个主要的评价
要素，分别是体系功能要素和体系目标要素，即自我监测功能要素
和客户反馈功能要素，从而能更准确地评估整个服务体系的完善
度、效度、信度以及贡献率等。根据这两个要素，构建了中小企业
竞争情报服务体系评价的两个功能模块，分别是中小企业自我监测
功能模块和中小企业竞争情报服务体系客户反馈功能模块，这两个
模块相互作用，相互制约，相互影响，它们彼此间的相关要素也相
互影响，相互作用，中小企业竞争情报服务体系评价模型如图 7.2
所示。

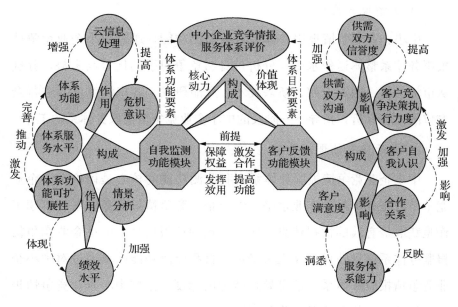

图 7.2　中小企业竞争情报服务体系评价模型

7.2.1　中小企业竞争情报服务体系自我监测功能模块

中小企业自我监测功能模块主要指对中小企业竞争情报服务体系自身的整体状况做出准确的定位。自我监测功能模块主要包括以下几方面内容：

（1）危机预警功能

中小企业竞争情报服务体系自我监测功能时刻警醒中小企业竞争情报服务体系要保持危机意识，正所谓"居安思危"，并测评中小企业竞争情报服务体系对目前竞争态势的反应程度，让中小企业的发展在求稳的前提下有所突破，并吸取其他中小企业的教训或者经验，鞭策自我，实现可持续发展。

（2）情境分析功能

中小企业竞争情报服务体系自我监测功能，通过中小企业竞争情报服务体系整体运作水平，分析自身与竞争对手的优势与劣势，分别从市场份额、融资走向、新兴技术、产品研发、客户满意度等进行全方位的比较分析，指导下一阶段的中小企业竞争情报服务体系的工作。

（3）云信息处理功能

中小企业竞争情报服务体系自我监测功能的核心是评价中小企业竞争情报服务体系的作业水平。中小企业竞争情报服务体系的本职工作是获取最有效的情报信息，面对海量的情报信息，中小企业竞争情报服务体系信息处理难度大大增加。自我监测功能模块通过对中小企业竞争情报服务体系云信息处理能力的测度，挖掘中小企业竞争情报服务体系对云信息处理的潜力。

（4）绩效评估功能

中小企业竞争情报服务体系自我监测功能，对中小企业提供的竞争情报产品的效益做出评估。中小企业竞争情报服务体系的宗旨是为中小企业提供充足有价值的竞争情报信息，指导中小企业的战略决策，其竞争情报产品的效用水平需要利用自我监测功能模块进行验证，包括对竞争情报产品的来源可信度、竞争情报产品研发组织的能力、竞争情报产品与当前竞争状态的适宜度、竞争情报产品对客户的影响力等几个方面进行监测，保证中小企业竞争情报服务体系生产正效应。

中小企业竞争情报服务体系自我监测功能是中小企业竞争情报服务体系评价的核心功能模块，它决定了中小企业竞争情报服务体系的运作效率。

7.2.2　中小企业竞争情报服务体系客户反馈功能模块

中小企业竞争情报服务体系评价的另外一个重要的功能模块是中小企业竞争情报服务体系客户反馈功能模块，它体现了中小企业竞争情报服务体系的价值。客户反馈功能模块一方面体现了中小企业竞争情报服务体系对客户服务的忠诚度，另一方面也反映了中小企业竞争情报服务体系对客户的重视度。

中小企业竞争情报服务体系客户反馈功能主要指中小企业竞争服务体系从生产运作到向客户提供竞争情报产品，再到客户使用竞争情报产品这一过程中客户对产品的回馈。主要包括客户对中小企业竞争情报服务体系的服务水平的满意度，对所提供的竞争情报产品的信誉度等。客户反馈功能模块的作用体现在以下几个方面：

（1）加强供需双方的沟通

客户反馈功能能保持中小企业竞争情报服务体系与中小企业的联系，使得中小企业竞争情报服务体系把握中小企业的最新需求。

（2）洞悉客户的满意度

客户反馈功能是人性化的功能，它根据客户需求动机心理，及客户反馈的信息，了解客户对其产品的满意度，并且通过满意度分析，找出中小企业竞争情报服务体系需要进一步完善的地方及有待开发的功能潜力。

（3）反映中小企业竞争情报服务体系能力

客户反馈功能通过执行中小企业竞争情报服务体系提供的竞争情报产品，观察竞争情报产品的实施效果，反映中小企业竞争情报服务体系的决策水平。

（4）提高供需双方的信誉度

客户反馈功能能够衡量中小企业竞争情报服务体系在中小企业群体中的可信度。中小企业对中小企业竞争情报服务体系的信任强度，不仅正向促进该体系的功能释放与长期合作纽带维系，更能推动双方协同发展的良性互动。

中小企业竞争情报服务体系客户反馈功能不仅增强了中小企业竞争情报服务体系的运作信心，也挖掘了中小企业的发展潜力，带动中小企业的稳步前进。

中小企业竞争情报服务体系自我监测功能与中小企业竞争情报服务体系客户反馈功能并不是相互独立的，它们共同构成中小企业竞争情报服务体系评价，是不可分割的整体。通过自我监测功能，掌握中小企业竞争情报服务体系自身的整体情况，为客户反馈功能做好准备工作，并保障客户的权益，促成客户的良好回馈，并激发两者的长期合作。客户反馈功能让中小企业竞争情报服务体系准确把握客户的需求，提高自身的功能建设，促进客户的发展，在保障各自利益的前提下，发挥中小企业竞争情报服务体系的最大效用。

7.3　中小企业竞争情报服务体系评价指标体系

评价体系构建的核心是评价体系指标的确定。评价是指根据评价目的和评价主体的需要而设计的，通过对指标的构建，描述所评价对象的特征[①]。本书构建了中小企业竞争情报服务体系评价指标，意在检测中小企业竞争情报服务体系的功能实现程度，即检测竞争情报服务体系对提高中小企业竞争力的绩效。根据上文的中小企业竞争情报服务体系评价原则及所划分的两个评价功能模块，构建中小企业竞争情报服务体系评价指标体系，见表 7.1 所示。

表 7.1　中小企业竞争情报服务体系评价指标体系

目标层	一级指标	二级指标	指标说明
中小企业竞争情报服务体系评价	中小企业竞争情报服务体系自我监测功能	体系自身建设完善程度（分）	中小企业竞争情报服务体系从宏观层面、中观层面及微观层面构建，由竞争环境掌握模块、竞争对手控制模块及竞争策略运营模块组成，整体构成是否科学合理
		体系内部可协调性（分）	竞争情报服务体系是由庞大的组织部门构成，各个组织部门都有各自的特性，其内部组织人性化的程度，能否和谐共处
		体系运作水平（分）	竞争情报服务体系最直接绩效体现在其运作模式的执行上，而整个运作模式运行效果主要体现在各个功能模块的协同水平上
		体系服务水平（分）	中小企业竞争情报服务体系服务的核心对象就是中小企业，通过检测服务体系为中小企业提供哪些服务来评判其服务能力

---

① 王宁建. 中央企业绩效评价指标体系研究［D］. 西南财经大学，2010.

目标层	一级指标	二级指标	指标说明
中小企业竞争情报服务体系评价	中小企业竞争情报服务体系自我监测功能	体系功能可扩展性（分）	中小企业竞争情报服务体系主要由竞争环境掌握功能模块、竞争对手控制功能模块及竞争策略运营功能模块组成，随着竞争的多元化，观察服务体系能否增加新的功能模块
		体系信誉水平（分）	竞争情报服务体系与中小企业是合作伙伴关系，需要建立互信制度，相互间的信任水平影响合作关系
		体系亲和力度（分）	中小企业竞争情报服务体系采用人性化的组织管理方式，容易被中小企业及整个体系内部组织部门所接受，并易于实施战略决策
	中小企业竞争情报服务体系客户反馈功能	客户整体满意度（分）	中小企业对竞争情报服务体系所提供的各种服务的满意程度，从提供服务的质量、时效、态度等给予及时反馈
		客户竞争决策执行力度（分）	竞争情报服务体系的核心目标就是为中小企业制定科学合理的竞争情报战略决策，中小企业通过提供的决策方案、执行的时效实现高效战略执行
		客户绩效提高水平（分）	中小企业通过执行竞争情报服务体系提供的决策方案，给中小企业创造的价值，从中小企业的市场竞争力、市场购买力度、中小企业受益等体现
		客户依赖性（分）	中小企业与竞争情报服务体系间建立的信任关系，以及采用服务体系战略方案后的态度，如是否经常采纳与咨询竞争情报服务体系
		客户利用率（%）	竞争情报服务体系是为中小企业服务的，中小企业除了自身防御危机能力，还充分利用竞争情报服务体系所提供的各种服务
		客户再次购买可能性（分）	中小企业通过几次合作后，反复度量采用服务体系战略决策带来的效益，决定是否再次合作
		客户自我认知水平（分）	中小企业通过与竞争情报服务体系合作，发现自身存在的不足以及可挖掘的潜力

　　中小企业竞争情报服务体系评价模型主要是由竞争情报服务体系自我监测功能模块与客户反馈功能模块两大类指标构成。

7.3.1　中小企业竞争情报服务体系自我监测功能指标

竞争情报服务体系要想获得可持续突破性发展，必须对自身的进展状况有个详细清晰的认识。需要建立相应的评价指标，阶段性地对整个服务体系的状况进行分析。竞争情报服务体系自我监测功能指标主要包括体系自身建设完善程度、体系内部可协调性、体系运作水平、体系服务水平、体系功能可扩展性、体系信誉水平及体系亲和力度。

体系自身建设完善程度指中小企业竞争情报服务体系整体构建的合理科学性，中小企业竞争情报服务体系由宏观层面、中观层面及微观层面构成，并由竞争环境掌握模块、竞争对手控制模块及竞争策略运营模块组成，整个服务体系庞大的组织结构决定其构建的复杂性，对整个服务体系完善性的评定有利于稳定其发展。体系内部结构可协调性指整个服务体系采用人性化的组织管理方式，各个组织部门之间通过签订合作契约，在保障各自利益的条件下服务于中小企业竞争情报决策。体系运作水平指中小企业竞争情报服务体系的三个功能模块执行功效：竞争环境掌握功能指整个服务体系把握全球竞争环境的整体趋势，对竞争环境变化的感应度，对新兴技术的获悉程度，同行业的发展状况等。在竞争对手控制功能方面，竞争对手是企业发展的动力，也是企业实现自我价值的根本，无论是击败竞争对手还是与竞争对手联盟，这对于企业今后的发展都是转机，所以控制竞争对手就相当于保卫了自己的战场，也是为本企业的发展清除障碍。对竞争对手情报的把握是企业成败的关键。拉姆·法希从物质角度研究竞争对手情报[①]，通过对竞争对手的市场份额、最新技术、企业文化、融资状

---

① 　FAHEY L. Competitors：outwitting, outmaneuvering, and outperforming [M]. New York：John Wiley & Sons, Inc, 1999：35 - 37.

况、战略目标等的控制，尤其是对竞争对手的技术跟踪、技术预测[①]，这些预测工作都需要企业建立相应的评价指标，把隐性变量显性化，便于评估。在竞争策略运营功能方面，竞争策略指竞争者根据自身发展状况以及目前竞争态势，制定适合自身发展的一套成体系的计划方针，其直接决定企业阶段性成败。竞争策略的制定除了要考虑现实的竞争态势与竞争对手的竞争策略，也要以相应的理论方法为科学依据，增强竞争策略运营的效率。作为中小企业竞争情报服务体系评价模型中最关键的功能模型，也是体现竞争情报服务体系功能的最直接体现，竞争策略运营功能的运作如何主要看给客户带来哪些效益以及给整个服务体系带来什么影响[②]。

　　以下简略阐述其他功能指标：体系服务水平指整个服务体系为中小企业提供哪些有价值的服务，例如有价值的情报信息、协助组织成员市场调研等；体系功能可扩展性指中小企业竞争情报服务体系在以上功能外，根据周围发展境况增加新的功能，例如云信息处理功能等；体系信誉水平指整个服务体系对于客户的可信度，服务体系的良好发展需要建立信誉机制，每个组织部门要遵守相应规则，维持好良好的信任度；体系亲和力度指中小企业竞争情报服务体系采用人性化的组织管理方式，容易被中小企业及整个体系内部组织部门所接受，并易于实施战略决策。

7.3.2　中小企业竞争情报服务体系客户反馈功能指标

　　客户与服务体系的良好互动将有利于最终的情报决策。客户反馈

①　李艳，齐中英，赵新力．企业竞争情报系统概念模型研究［J］．图书情报工作，2010，54（20）：57－61．
②　彭玉芳，郑荣，孟楠．企业竞争情报系统成熟度测度构建研究［J］．情报科学，2012，8（30）：1151－1155．

功能指中小企业对服务体系提供的各种服务的详细评价，从客观现实出发，给出切实的评价测量值。客户反馈功能指标包括客户整体满意度、客户竞争决策执行力度、客户绩效提高水平、客户依赖性、客户利用率、客户再次利用可能性及客户自我认知水平。

客户整体满意度指中小企业对竞争情报服务体系所提供的各种服务的满意程度，例如提供情报的质量、时效、相互间合作的难易度等给予充分的评价；客户竞争决策执行力度指中小企业在根据服务体系所提供的战略决策实现高效战略执行，这是中小企业最终目标，其执行结果也间接反映了整个服务体系的决策水平；客户绩效提高水平指中小企业通过采用服务体系提供的战略方案，为自身的市场竞争力、核心竞争力、企业受益等各个方面带来的积极影响；客户依赖性指中小企业与竞争情报服务体系间建立的信任关系，以及采用服务体系战略方案后的态度，是否经常采纳与咨询竞争情报服务体系；客户利用率指中小企业除了自身防御危机能力，利用竞争情报服务体系所提供各种服务的频率；客户再次购买可能性指中小企业根据最终获得的各种收益以及带来的负面影响综合分析，是否继续与服务体系合作；客户自我认知水平指中小企业通过服务体系提供的各种情报分析自己的利弊，发现自身存在的不足，并积极挖掘自身的潜力，以崭新的面貌迎接新的挑战，助力中小企业整个价值观的提升。

中小企业竞争情报服务体系评价指标体系是综合性的评价体系，每个功能模块构建的评价指标各具特色，具有很强的针对性但又不是孤立的，而是相互联系的。每个评价指标所用的测算方式不尽相同，一些变量的指标需要用指数法测算，一些需要专家评分法测算；对于一些不确定的要素量化则采用模糊数学方法处理，例如客户绩效提高水平等需要用层次分析法来衡量整个体系指标的权重。

7.4 本章小结

本章是基于中小企业竞争情报服务体系构建，以售前质量保障为前提，进一步研究中小企业竞争情报服务体系评价。中小企业竞争情报服务体系评价是从中小企业竞争情报服务体系自身与中小企业（即客户）这两个角度出发，构建了中小企业竞争情报服务体系评价功能模型，分别由中小企业竞争情报服务体系自我检测功能模块和中小企业竞争情报服务客户反馈功能模块组成，并以这两个功能模块构建了相应的评价指标。本章研究了如何提高中小企业竞争情报服务体系的效率及准确性，如何逐渐建立客户对中小企业竞争情报服务体系的可信度，并保障中小企业的权益，降低中小企业竞争情报服务体系评估失误给中小企业带来的风险。

第 8 章

结论与展望

8.1 主要研究成果与结论

中小企业竞争情报服务体系的构建有利于中小企业的发展，是竞争情报应用价值的体现。本书从宏观层面、中观层面以及微观层面构建中小企业竞争情报服务体系，基于竞争情报理论与方法，意在提升企业的综合竞争实力及竞争情报能力，提高市场份额，并为企业的整个经营管理工作提供强有力的智力支持和情报保障。竞争情报服务体系它是一个有机的整体，它的实现将极大地改变企业的战略地位，使中小企业处于竞争优势，实现中小企业利润最大化，增加社会财富，缓解当前的就业压力。

中小企业竞争情报服务体系的运作模式是一个多元化、多维度的开放的综合运作模式，即钟摆—金字塔—生态—虚拟运作模式。这种多元素的运作模式，不是简单的运作模式的机械叠加，而是成体系有规律的科学运作，它能够更好地避免单一模式的运作，从多个视角服务于中小企业竞争情报服务体系的运转，更加高效地提高中小企业市场竞争力及竞争情报能力。这种创新运作模式虽然只是理论上的一种设想，但缺乏实践经验，需要更深层次的研究。中小企业竞争情报服务体系的各个层级的组织机构间应不断完善，遵守其层级关系，在生态准则的衡量下，以最低的成本、最高的效率虚拟运作起来。这种综合运作模式将给企业创造不可估量的业绩。

中小企业竞争情报服务体系评价也是从竞争环境掌握功能模块、竞争对手控制功能模块及竞争策略运营功能模块三个方面构建评价指标体系，时刻监督检测竞争情报服务。

8.2　主要贡献

本书从宏观层面、中观层面以及微观层面构建中小企业竞争情报服务体系，这是一个多元化混合型的服务组织，打破以往的单层面研究思路，开拓了竞争情报在中小企业中的新的价值视角。

本研究的主要贡献：

（1）中小企业竞争情报服务体系是从宏观层面、中观层面及微观层面来构建一个专门服务企业竞争情报战略决策的组织机构，本书把竞争情报与中小企业服务体系结合在一起作为研究对象，这是本书的亮点及创新之处。

（2）中小企业竞争情报服务体系运作模式是由钟摆运作模式、金字塔运作模式、生态运作模式及虚拟运作模式组成的运作模式，摆脱了以往的单一的运作模式，如分散模式、集中模式、重点模式、独立模式等，这也是本书一大特色。

（3）中小企业竞争情报服务体系评价是基于两大功能模块构建相应的评价指标的，这两大功能模块分别是中小企业竞争情报服务体系自我监测功能模块和中小企业竞争情报服务体系客户反馈功能模块。

8.3　研究展望

如今的中小企业面临各种挑战，要想生存和发展必须有具有自己特色的发展轨迹，中小企业竞争情报服务体系的实现将会是中小企业发展的一次历史性的飞跃。地方政府应该发挥其领导作用，从政治、经济、法律政策方面帮助并扶持中小企业竞争情报服务体系的构建，实现中小企业的价值。虽然中小企业竞争情报服务体系过于复杂和庞大，但只要合理规划和运营，一定能为企业带来不可估量的效益。首先研究其架构，这是基于众多行业组织机构建立中小企业竞争情报服务体系，无论从人力、物力还是其他方面，它们都给予中小企业强大的支撑；接着研究其运作模式，也是基于核心的理论：钟摆原理、金字塔原理、生态原理等使得其运作模式的构建更加科学可行；最后对中小企业竞争情报服务体系进行详细的评价，保证整个流程能顺利进行。

中小企业竞争情报服务体系是一个复杂的服务体系，本书的研究还处于初级阶段，虽然本书在该领域做出很大的努力，但还是存在很多问题需要进一步研究。

（1）中小企业竞争情报服务体系组织结构的复杂性给整个服务体系的管理增加了一定的难度，尽管本书阐述了中小企业竞争情报服务体系建立的原则，但应详细地阐述中小企业竞争情报服务体系如何管理，所以有必要研究如何建立中小企业竞争情报服务体系的管理体系，减少管理上的摩擦。

（2）中小企业竞争情报服务体系的运作模式，分别是钟摆运作模式、金字塔运作模式、生态运作模式及虚拟运作模式，这些模式是理想设计，真正能监测这些模式的合理性还需要一定的实证支撑，这部分缺乏实证考究，需要长期观测。

（3）中小企业竞争情报服务体系评价方面从自我监测功能及客户反馈功能两方面的构建进行阐述，后期应该研究如何更具体地构建评价体系，更好地服务于中小企业竞争情报服务体系宗旨。

参考文献

一、中文文献

1．埃里克·弗鲁博顿,鲁道夫·芮切特. 新制度经济学：一个交易费用的分析范式［M］. 上海三联书店，上海人民出版，2006：186－220．

2．彼得.德鲁克. 卓有成效的管理者［M］. 机械工业出版社，2005：78－79．

3．白嘉.虚拟企业运作模式及其管理系统研究［D］. 西北大学，2007：36－41．

4．包昌火.加强竞争情报工作，提高我国企业竞争能力［J］. 中国信息导报，1998（11）：30－33．

5．陈莹莹,宋一帆. 建立中小企业管理机构，缓解中小企业贷款难题［J］. 中国商贸，2010（16）：109－110．

6．陈强. 吴金红. 张玉峰. 大数据时代基于众包的竞争情报运行机制研究［J］. 情报杂志，2013，32（8）：15－18，26．

7．陈丽.企业竞争情报系统研究综述［J］. 图书馆学研究，2005（9）：89－91，96．

8．丁栋虹.企业家理论研究的历史回顾与世纪发展［J］. 南京大学学报：哲学·人文科学·社会科学，2006（6）：143－149．

9．党梅梅.企业安全理念体系及建设研究［D］. 中国地质大学，2011．

10．范力君.BOT 模式用于高校建设项目相关问题探讨［J］. 中小企业管理与科技，2011（11）：263－264．

11．高雁.现代企业情报部门信息服务模式研究［D］. 黑龙江大学，2008：4－6．

12. 郭丽芳.五大国际联机检索系统收录数据库内容比较分析［J］.情报科学，2007，2（25）：259－260.

13. 高士雷,吴新年,张立超. 产业集群环境下中小企业竞争情报模式研究［J］.图书情报工作，2010（11）：85－88.

14. 杨红云.国内竞争环境变化对制造业发展的影响综述［J］.北方经贸，2011（10）：11－13.

15. 韩颖.我国中小企业竞争情报研究［J］.情报科学，2006，4（24）：492－495.

16. 胡笑梅,李文玉. 2009—2010年国内竞争情报研究热点分析［J］.情报探索，2012（4）：54－55.

17. 江汶.我国中小企业竞争情报调查及服务研究［D］.武汉大学，2005：1.

18. 金玉慧.信息化时代的电子政务与电子政府［J］.山西财经大学学报，2009（4）：139－144.

19. 刘志荣.中小企业服务体系的形成、运作机理与评价［D］.暨南大学，2010：15.

20. 李晶,张晋朝,王菲菲. 1989—2010年我国竞争情报领域论文的定量研究［J］.情报科学，2011，29（11）：1726－1730.

21. 李海丽.基于企业战略环境分析的反竞争情报战略的制定［J］.科技创业月刊，2011，24（2）：62－64.

22. 李黎.“方格理论”在社会管理中的运用研究［J］.领导科学，2012（35）：33－35.

23. 李新峰,徐文龄. 竞争情报与知识管理的整合研究-知识经济时代的企业战略［D］.天津师范大学，2004：7.

24. 李艳,齐中英,赵新力. 企业技术竞争情报系统概念模型研究［J］.图书情报工作，2010，54（20）：57－61.

25. 李广建,杨林.大数据视角下的情报研究与情报研究技术 [J]. 图书与情报,2012 (6):3-5.

26. 罗平,祝丽.服务于电信企业的第三方物流企业服务模式研究 [J]. 现代商业,2007 (18):39-40.

27. 罗珉.企业竞争战略理论的创新 [J]. 财经科学,2001 (1):42-44.

28. 罗浩莹.企业竞争情报系统的研究:以云南建工安装股份有限公司为例探讨 [D]. 昆明理工大学,2008:18-19.

29. 刘仁军.关系契约与企业网络转型 [J]. 中国工业经济,2006 (6):91-98.

30. 刘志荣.中小企业服务体系的形成、运作机理与评价 [D]. 暨南大学,2010:16-19.

31. 陆昌勤,凌文辁,方俐洛.管理行为的复杂性管理者的核心工作任务分析 [J]. 中国管理科学,2000,11 (8):302-309.

32. 马晓里.虚拟企业的情报运行机制研究 [J]. 情报科学,2009,27 (6):824-828.

33. 莫心宇.企业竞争情报系统的价值研究 [J]. 现代情报,2010,30 (5):167-169.

34. 彭靖里,马敏象,赵光洲,等.中美企业开展竞争情报活动的案例比较研究 [J]. 情报杂志,2002 (4):43-44.

35. 彭靖里,宋林清,王晓旭.云南省开展"企业竞争情报示范工程"的实践与案例 [J]. 现代情报,2004 (3):192-194.

36. 彭玉芳,郑荣,孟楠.企业竞争情报系统成熟度测度构建研究 [J]. 情报科学,2012,8 (30):1151-1155.

37. 邱均平,段宇锋.论知识管理与竞争情报 [J]. 图书情报工作,2000 (04):11-14.

38. 宋新平,梅强，田红云，等. 基于 B2B 平台的中小企业竞争情报服
    务模式研究 ［J］. 情报杂志，2010，4（29）：75－79.

39. 沈江,徐曼，王天宝，等. 基于虚拟企业战略行为的契约关系机制
    ［J］. 计算机集成制造系统，2005（5）：781－786.

40. 全自力,王媚莎. 蛙跳效应理论的产业转移与企业绩效实现机制
    ［J］. 求索，2009（11）：11－13.

41. 王延飞.竞争情报方法 ［M］. 北京大学出版社，2007：199－201.

42. 王忠.美国推动大数据技术发展的战略价值及启示 ［J］. 中国发展
    观察，2012（6）：44－45.

43. 王力民,段迎春，彭玉芳. 基于合作博弈的企业集群内竞争情报系
    统情境策略分析 ［J］. 情报科学，2012，30（4）：521－524，545.

44. 王宁建.中央企业绩效评价指标体系研究 ［D］. 西南财经大
    学，2010.

45. 吴春红.中小企业管理机构设置的国际经验及启示 ［J］. 北方经贸，
    2006（1）：115－116.

46. 吴晓伟,陈丹亚，李丹. 国内企业竞争情报系统现状的实证研究
    ［J］. 情报杂志，2005（10）：6.

47. 谢增福.行业协会功能研究 ［D］. 中南大学，2008：9.

48. 谢新洲,包昌火，张燕. 企业竞争情报系统的主要模式 ［J］. 图书
    情报工作，2002（11）：21－26.

49. 谢新洲,包昌火，张燕. 论企业竞争情报系统的建设 ［J］. 北京大
    学学报：哲学社会科学版，2001，38（6）：55－68.

50. 杨大春.创新驱动型经济模式下的高职院校发展战略研究 ［J］. 无
    锡商业职业技术学院学报，2009，9（1）：57－58.

51. 郑荣,彭玉芳，曲佳艺，等. 中小企业竞争情报服务体系构建研究
    ［J］. 情报理论与实践，2012，35（8）：74－79.

52. 郑荣,彭玉芳，李千，等. 中小企业竞争情报服务体系的运作模式研究 [J]. 情报理论与实践，2013，36（7）：15 - 19.

53. 张海涛,闫奕文，冷晓彦. 企业信息生态系统的逻辑模型与运行机制 [J]. 情报理论与实践，2010，33（4）：6 - 9.

54. 周英，刘红光. 超竞争环境下中小企业竞争情报系统构建 [J]. 图书馆学研究，2010（21）：35 - 38.

55. 周磊.专利情报与企业专利战略运用研究 [D]. 华中师范大学，2007：29.

56. 周婵,张锦顺，赵延东. 日本竞争情报服务现状及模式探讨 [J]. 中国科技信息，2010（11）：193 - 195.

57. Hortonworks:驱动大数据市场的七大关键动力 [EB/OL]. [2012 - 07 - 12]. http：//www. 199it. com/archives/44573. html.

二、外文文献

1．ALISON T，VERONIEA F，GRAY J A M，et al. A first Class Knowledge Service：Developing the National Electronic Library for Health [J]. Health Information and Libraries Journal，2002，19（2）：77 - 78.

2．BRET B. Competitive intelligence system under the collaborative environment research [J]. Competitive Intelligence Review，2000（4）：12 - 24.

3．CHILD J. Organization Structure，Environment and Performance：the Role of Strategic Choice [J]. Sociology，1972，6（1）：1 - 22.

4．DESS G G，BEARD D W. Dimensions of Organizational Task Environments [J]，Administrative Science Quarterly，1984，29（1）：52 - 73.

5. DUNCAN R B. Characteristics of Organizational Environments and Perceived Environment Uncertainty [J]. Administrative Science Quarterly, 1972, 17 (3): 313 – 327.

6. FAHEY L. Competitors: Outwitting, Outmaneuvering, and Outperforming [M]. New York: John Wiley & Sons, Inc, 1999: 35 – 37.

7. GREIF A. Contract Enforceability and Economic Institutions in Early Trade: The Maghribi Traders' Coalition [J]. American Economic Review, 1993, 83 (3): 525 – 548.

8. JOHNSON S, MCMILLAN J, WOODRUFF C. Courts and Relational Contracts [J]. Journal of Law, Economics & Organization, 2002, 18 (1): 221 – 276.

9. JUSTIN J, ROBERT J. Environment—strategy Relationship and its Performance Implication: An Empirical Study of the Chinese Electronic Industry [J]. Strategic Management Journal, 1994, 15 (1): 1 – 20.

10. LAWRENCE P R, LORSCH J W. Organization and Environment: Managing Differentiation and Integration [D]. Boston: Graduate School of Business Administration, Harvard University, 1967.

11. LEIBENSTEIN H. Entrepreneurship and Development [J]. American Economic Review, 1968, 58 (2): 72 – 83.

12. MACNIEL I R. Contract: Adjustment of Long – term Economic Relations under Classical, Neoclassical and Relational Contract Law [J]. Northwestern University Law Review, 1978, 72 (2): 340 – 418.

13. MARCH J G. Exploration and Exploitation in Organizational Learning [J]. Organization Science, 1991, 2 (1): 71 - 87.

14. MILES R E, SNOW C C. Organizational Strategy, Structure and Process [M]. McGraw-Hill, New York, 1978.

15. MINTZBERG H. The Nature of Managerial Work [M]. New York: Harper and Row, 1978.

16. MINTZBERG H. The Structuring of Organizations: A Synthesis of the Research [M]. Englewood Cliffs, NJ: Prentice Hall, 1979.

17. PFEFFER J, SALANCIK G R. The External Control of Organizations: A Resource Dependence Perspective [M]. New York: Harper and Row, 1978.

18. PIERRETTE B, CHRISTINE H. Competitive Intelligence [J]. Annual Review of Information Science and Technology, 2002: 366 - 368.

19. THOMPSON J D. Organizations in Action: Social Science Bases of Administrative Theory [M]. McGraw-Hill, 1967.

20. TUNG R L. Dimensions of Organizational Environments: An Exploratory Study of Their Impact on Organizational Structure [J]. Academy of Management Journal, 1979, 22 (4): 672 - 693.

21. WARD P L. Management and the Management of Information, Knowledge-Based And Library Services 2002 [J]. Library Management, 2003, 24 (3): 36 - 38.

附录一

2023 年 SCIP 欧洲竞争情报大会

大会名称：SCIP IntelliCon EURO 2023

会议时间：2023 年 11 月 13 日—15 日

会议地点：捷克布拉格（Prague，Czech Republic）

以下为大会的详细日程安排及各环节内容介绍，包括研讨会、分组论坛、主旨演讲、学习实验室、小组讨论、开幕致辞、闭幕发言，以及用餐和展览交流时间等。所有会议名称、机构名称、讲者姓名、公司名称、时间安排及学习目标均保留原始信息并译为中文。

11 月 13 日（星期一）——会前研讨会（Workshops）

13：00—17：00 研讨会（任选其一）

● **研讨会 A：企业会话式情报——温和诱导术（Corporate Conversational Intelligence—The Art of Gentle Elicitation）**

讲师：Kent Potter 和 Nancy Potter（情报专家）

简介：本半天研讨会由 Potter 夫妇主持，分享他们多年来开发的独特流程，帮助您在市场调研和竞争情报访谈中伦理地获取高度聚焦的情报结果，用于制定成功的战略。

同时，该研讨会还帮助销售人员从潜在客户处获取更多有价值的信息，以实现双赢的信息交流局面。研讨会内容强调通过巧妙提问和交流技巧，提高信息收集的深度和质量，从而支持企业战略决策。

学习目标：

○掌握温和诱导（信息引导）的方法，在不违反道德规范的前提下获取深入情报。

　　○学习在市场调研和情报访谈中提出高质量问题的技巧，以获得对战略制定有直接影响的高价值信息。

　　○了解如何将这些会话情报技巧应用于销售场景，帮助销售团队从潜在客户处获得更多洞察。

- **研讨会 B：竞争增强情报（CAI）（Competitive Augmented Intelligence）**

　　讲师：Luís Madureira（NOVO IMS 学院教授，SCIP 葡萄牙分会会长）等（Keynote Speaker）

　　简介：本研讨会探讨"竞争增强情报"理念，即将人工智能技术融入竞争情报流程以增强分析能力。讲者将介绍如何将人类分析师的战略洞察与人工智能的强大数据处理相结合，提升情报工作的效率与效果。研讨会涵盖最新的 AI 驱动情报工具、实用案例，讲解在情报工作中保持人为判断力与道德准则的重要性。与会者将参与讨论人工智能时代竞争情报职能的转型，并学习制定 AI 与 CI 融合的路线图。

　　学习目标：

　　○理解"竞争增强情报"的核心概念，以及人工智能如何赋能竞争情报工作。

　　○认识当前应用于情报分析领域的 AI 工具、平台及其优劣，探讨这些技术在实际业务环境中的应用场景。

　　○学会制定将人工智能整合进情报流程的策略，确保在引入技术的同时保持对情报分析的人为掌控和伦理规范。

- **研讨会 C：将 STEEP 分析整合进情报方案（Integrating STEEP into Your CI Program and Monitoring）**

　　讲师：Erik Glitman 和 Patrick Wall（竞争情报顾问）

　　简介：此研讨会讨论如何将 STEEP 分析（社会、技术、经济、环境、政治五要素分析）融入您的竞争情报项目和监测活动中。讲者将带领与会者深入了解 STEEP 框架，并演示如何在竞争对手监测中应用这一框架，以获得更完善的情报分析视角，提高组织预见变革的能力。研讨会包含互动讨论，让学员练习将宏观环境因素纳入竞争情报收集与分析的方法，从而提升组织对外部变化的敏锐度和应变准备。

学习目标：

- 深入了解 STEEP（社会、技术、经济、环境、政治五要素分析）分析框架的各要素及其与竞争情报工作的关联。
- 掌握在日常情报监测中整合 STEEP 分析的方法，通过系统关注宏观趋势，丰富竞争对手分析的背景和洞察。
- 提升组织对外部环境变化的敏感度与预见能力，以便及时调整战略，应对颠覆性变化并引导组织变革。

（注：11 月 13 日上午为大会报到和会前准备时间，当天下午进行以上平行研讨会。）

11 月 14 日（星期二）——大会第一天

8：30—9：00 开幕致辞 & 欢迎词

由 SCIP 领导层致开幕欢迎词，介绍大会主题"情报推动战略决策"以及会议议程，欢迎来自全球的与会代表。

8：45—9：30 主旨演讲：竞争增强情报的未来（Keynote-Competitive Augmented Intelligence）

演讲嘉宾：Luís Madureira 博士（Keynote Speaker）

概要：Madureira 博士将发表大会首场主旨演讲，探讨人工智能与竞争情报融合的趋势，即"竞争增强情报"。他将结合实际案例阐述如何利用 AI 技术扩展情报专业人员的能力，以更快发现市场信号、更精准预测行业变化，从而在竞争中脱颖而出。演讲也将展望未来情报生态系统的发展方向，为与会者提供前瞻性的战略思考。

9：30—10：15 全体会议：情报在决策生态中的角色（General Session Panel）

形式：小组讨论

讨论主题："情报与未来决策生态系统"

讨论嘉宾：多位跨行业情报领袖和专家（具体名单包括来自制药、制造、高科技等领域的 CI 主管）

简介：本环节为小组讨论。几位资深情报主管将分享各自行业中情报职能的新挑战与机遇，探讨在快速变化的商业环境下，情报如何更好地服务于战略和决策。话题包括：数据驱动的情报如何影响企业生态、情报团队如何与高管协作推动战略，以及未来情报专业人员需要具备的技能。该讨论旨在启发与会者思考如何在各自组织内提升情报工作的战略价值。

10：15—10：45 茶歇 & 展览交流

与会者可前往展览区域，与本次大会的赞助商和参展商交流最新的情报工具、平台和服务。在轻松的茶歇时间拓展人脉、交流见解。

11：00—12：15 分论坛（上午时段，任选其一）

- **分论坛 A：情报工作的未来——如何脱颖而出（Breakout Session A—*The Future of Competitive Intelligence—Standing Out From the Crowd*）**

主讲人：待定（竞争情报团队负责人）

简介：本论坛探讨在信息泛滥和技术变革的时代，竞争情报职能如何确保自身的独特价值并"脱颖而出"。讲者将分享构建卓越情报团队的策略，包括培养跨职能能力、紧贴业务战略、提高情报产出的可视性等。案例研究将展示情报部门通过创新实践提升在企业内部影响力的成功经验。

学习目标：

○ 探讨情报团队在企业内部提升影响力和差异化价值的策略，如建立关键业绩指标、定期向高层展示成果等。

○ 理解培养情报专业人员综合技能的重要性，涵盖数据分析、沟通说服、行业洞察等方面，帮助情报专业人员适应未来情报工作的要求。

○ 借鉴优秀情报部门的实践经验，学习如何将情报职能与企业战略紧密对接，在动态商业环境中保持相关性和前瞻性。

- 分论坛 B：措手不及？快速响应颠覆性市场动态（Breakout Session B—*Didn't See That Coming? Quick Response to Brief Your Company on Disruptive Market Developments*）

主讲人：待定（行业分析主管/咨询顾问）

简介：本论坛聚焦于当意外的市场颠覆或"黑天鹅"事件出现时，情报团队如何在极短时间内为公司高层提供全面、冷静的简报，支持快速决策。讲者将以近期真实案例（如竞争对手意外发布颠覆性产品、突发的政策变化等）为基础，介绍建立快速响应机制的方法，包括预先制订情报应急计划、情景演练、跨部门协作以及信息验证和简报技巧。

学习目标：

○ 学习建立市场突发事件情报应对流程，在重大变化发生时快速动员情报资源、确认信息并提供决策支持。

○ 掌握在紧迫时间窗口内编写高管简报的技巧，确保内容简明、要点清晰、洞察深刻，以助力管理层及时决策。

○ 了解如何在企业内部推动危机情报文化，包括定期进行情报情景规划演练，与风险管理团队协作，提高组织对未知威胁的免疫力。

- **分论坛 C：大扫除——将混乱的 CRM 数据转化为情报洞见（Breakout Session C—*Cleaning House：Turning Dirty CRM Data into Actionable CI Insights*）**

主讲人：待定（客户关系管理/市场情报分析专家）

简介：许多企业的 CRM 系统中积累了大量未加整理的客户和销售数据。本论坛将展示如何对这些"脏数据"进行清洗和分析，提炼出有价值的竞争和市场情报。讲者将分享数据清理的流程和工具、将 CRM 数据与情报分析结合的方法，并通过实例说明从杂乱无章的数据中挖掘竞争洞见（例如识别客户流失迹象、竞争对手销售策略等）。该环节对情报分析师和市场营销人员均有裨益。

学习目标：

○ 掌握 CRM 数据清洗的基本步骤与最佳实践，包括处理缺失/重复信息、标准化数据格式等，为后续分析打好基础。

○ 学习将清洗后的客户交互和销售数据转化为可执行情报的方法，例如识别市场趋势、竞争对手活动线索和客户需求变化。

○ 了解如何推动情报和销售团队协作，将 CRM 洞察纳入竞争情报循环，帮助企业更主动地优化市场和客户策略。

- **学术报告模块 1：提升林波波省农产品加工业增长的竞争情报实践（Academic Module 1—*Exploring Competitive Intelligence Practices to Enhance Growth of the Agro-processors in Limpopo Province*）**

报告人：Mpho Phago 博士（南非林波波大学）

简介：本学术报告分享一项针对南非林波波省农产品加工企业的研究。报告探讨这些企业如何运用竞争情报实践来推动业务增长，包括情报在市场机会识别、供应链优化、应对竞争挑战等方面的作用。通过实地调研和数据分析，报告总结了情报实践对地方产业发展的影响，并提出改进建议。

学习目标：

- 了解新兴经济体地区产业（农产品加工）中竞争情报应用的现状和挑战。

- 学习如何将竞争情报方法应用于中小企业的发展战略，特别是在资源有限的环境下实现业务增长。

- 获得关于增强区域产业竞争力的洞见，思考情报专业如何为地方经济发展做出贡献。

- **学术报告模块 2：情报专家的新助手——人工智能时代的开源情报** [**Academic Module 2—*The Prompter as an Intelligence Expert*: *Open-Source Intelligence in the Time* (*OSINT*) *of AI*.**]

报告人：Paolo Trevisani 教授（意大利 LUISS 大学）

简介：本报告聚焦人工智能环境下的开源情报（OSINT）发展。报告提出"提示者"（Prompter）这一概念，探讨在生成式 AI 工具（如大型语言模型）的辅助下，情报分析师如何利用 AI 来提升开源情报的收集和分析效率。Trevisani 教授将讨论 AI 对 OSINT 流程的改变，包括信息获取自动化、模式识别增强，以及由此带来的情报人员技能需求转变。报告也将审视 AI 时代 OSINT 的局限与伦理考虑。

学习目标：

- 了解 AI 技术（特别是生成式 AI）如何融入开源情报的工作流，提升信息发现和处理能力。

- 探索情报分析师在 AI 辅助下的新角色定位，例如作为"提示工程师"与 AI 协作，以获得更优质的情报输出。

- 讨论 AI 应用于情报领域时需关注的数据偏见、隐私和伦理问题，确保在利用 AI 的同时保持专业操守。

- **学术报告模块 3：冲突环境下的竞争情报与国际业务拓展策**

略——以俄罗斯快餐业为例（Academic Module 3—*Competitive Intelligence and International Business Development Strategy Within a Conflict Environment*：*The Case of Fast-Food Multinational Enterprises in Russia*）

报告人：Olga Ivanova 副教授（爱沙尼亚塔林理工大学）

简介：本报告研究在地缘政治冲突和制裁环境下（以俄罗斯市场为例），跨国快餐企业如何调整其竞争情报和国际业务发展策略。Ivanova 副教授通过对近年来国际快餐连锁在俄经营环境的分析，展示在高度不确定和充满冲突的条件下，情报工作如何帮助企业重新评估市场、竞争和供应链，并制定应变战略。该研究为企业在复杂政治经济环境中运用情报提供了宝贵借鉴。

学习目标：

○理解地缘政治冲突对企业市场情报与国际扩张战略的影响，以及情报职能在其中发挥的关键作用。

○学习跨国公司在充满不确定性的环境中调整竞争策略的案例，认识情报在识别风险、发现替代市场和调整商业模式方面的价值。

○提高对全球商业环境中未知因素的敏感度，借鉴研究的方法在自身行业中开展情报情景规划和风险监测。

12：15—13：15 午餐 & 展览交流

大会提供自助午餐。在此期间，与会者可在展览区域与赞助商代表自由交流，观看新技术演示，并与同行分享上午会议的心得。

13：15—14：00 专题讨论：用 AI 驱动洞察为情报职能"未来赋能"〔Interactive Discussion—*Future-Proofing Your Intelligence Function*（*and Career*）*with AI-Driven Insight*〕

主持人：Kelly Cannizzaro（Henkel 公司全球市场情报主管）

协办：M-Brain 情报公司团队（铂金赞助商）

形式：开放式对话/学习实验室

简介：这一互动环节由赞助商 M-Brain 策划，采取圆桌讨论形式。Kelly Cannizzaro 将与 M-Brain 专家一道，引导情报从业者就"如何利用 AI 驱动的洞察来使情报职能（以及自身职业）保持前瞻性"展开讨论。话题包括 AI 对情报岗位的影响、情报人员应掌握的新技能、如何将 AI 工具快速部署到情报工作流程中等。与会者可以自由提问和分享经验，讨论将为大家提供一套可立即运用的实用策略和战术工具包，以成功将 AI 整合进竞争情报职能中。

学习目标：

- 理解 AI 技术的发展如何改变竞争情报职能的未来形态，以及情报专业人员应如何调整以保持职业竞争力。
- 获得一系列可快速实施的 AI 赋能情报工作的策略和技巧，包括选择合适的 AI 工具、培训团队以及管理 AI 项目等。
- 借鉴行业对话成果，制订个人和团队的行动计划，将 AI 驱动的洞察有效融入情报工作，以实现情报职能的提升和进化。

14：00—14：45 案例分享：跨部门情报协作（此时间段为预留的全体会议案例分享或赞助商展示，实际主题略）

（例如：一家领先企业的情报主管分享如何建立跨市场、销售、研发等部门的情报协作网络，以提升决策支持的及时性和准确度。）

14：45—15：00 休息

短暂休息，茶歇时间。

15：00—16：15 分论坛（下午时段，任选其一）

- **分论坛 D：AI 工具在 CI 中的应用——走向卓越还是平庸？**
（**Breakout Session D—*Artificial Intelligence Tools for CI—Routes to Brilliance，Mediocrity or Worse*？**）

主讲人：待定（竞争情报技术专家）

简介：本论坛讨论各种 AI 工具在竞争情报中的应用现状和前景，深入剖析这些工具究竟能否带来情报分析的"卓越"，还是有可能导致平庸甚至错误结论。讲者将盘点市面上一系列 AI 驱动的情报工具（如自动化监测、情报分析平台、预测模型等），结合实际案例评价其优劣。讨论将涉及 AI 工具的正确使用场景、常见陷阱（如过度依赖算法、忽视专家判断），以及如何将人工分析与 AI 分析结果相结合来提升总体质量。

学习目标：

○ 了解当前 AI 情报工具的类型和功能，包括它们在信息采集、分析、可视化等环节的应用，以便知悉技术前沿。

○ 分析 AI 工具在情报工作中可能带来的风险，如数据偏见、不准确预测等，学习如何鉴别和避免"假情报"陷阱。

○ 探讨 AI 与人工分析师最佳协作模式，确保既能发挥 AI 效率又保留专家对复杂问题的判断，从而实现情报工作的卓越而非流于平庸。

• **分论坛 E：新一代情景规划模型在医疗健康行业的应用（ Breakout Session E—*Next Generation Scenario Planning Models for Healthcare Companies* ）**

主讲人：待定（医疗行业战略情报主管）

简介：本论坛聚焦医疗健康行业，介绍新一代情景规划（Scenario Planning）模型如何帮助企业更好地应对不确定性并制定长期战略。讲者将阐述传统情景规划的局限，并引入改进的方法学（例如融入实时数据、跨学科情报）专门针对医药和医疗器械领域的案例。内容包括构建多情景假设以应对医疗政策变动、技术突破或流行病影响的方法，以及如何将这些情景纳入公司战略决策流程。

学习目标：

- 理解情景规划在高度监管和快速创新的医疗健康行业中的重要性，学习设计针对该行业的情景规划模型。

- 掌握开发"下一代"情景模型的技巧，如整合 AI 预测、外部专家见解和患者趋势数据，以增强情景的可信度和相关性。

- 学习如何将情景规划结果有效传达给高管层，确保企业战略能够充分考虑不同未来情境，提升组织的弹性和前瞻性。

- **分论坛 F：战略洞察前瞻——在竞争格局变化中建立模型（Breakout Session F—*Strategic Foresight and Modelling Change in the Competitive Landscape*）**

主讲人：待定（战略前瞻顾问）

简介：本论坛探讨如何运用战略前瞻（Strategic Foresight）的方法论，通过构建变化模型来帮助组织预测并应对未来竞争格局的变化。讲者将介绍前瞻思维的框架，例如驱动因素分析、未来情景构建和倒推规划等，并展示如何将其应用于竞争情报，包括识别潜在的新竞争者、新商业模式或颠覆性趋势。参与者将学习建立一个动态的竞争环境模型，从中演练组织的战略响应。

学习目标：

- 了解战略前瞻的核心理念和常用工具（如 PESTLE 分析、德尔菲法、情景规划等）如何与竞争情报工作结合，提升对未来的洞察力。

- 学习搭建企业竞争环境的动态模型，通过持续跟踪和更新关键驱动因素，提前识别可能的颠覆性变化。

- 提升制定灵活战略的能力，确保组织能够在多变的竞争格局中及时调整方向，占据主动。

• **学术报告模块 1：竞争情报与创新在汽车产业生态转型中的作用**（Academic Module 1—*The Role of Competitive Intelligence and Innovation in the Automotive Industry Ecological Transition*）

报告人：Dr. Jana Novak（捷克经济大学）

简介：本报告分析汽车行业向生态可持续转型过程中竞争情报与创新发挥的作用。内容涵盖汽车制造商在电动化、绿色供应链、新能源政策等背景下，如何利用情报来驱动技术创新和市场策略。研究以欧洲汽车市场为例，阐述情报团队如何支持企业在生态转型中的战略决策，如监测环保法规、竞争对手新能源动向、消费者偏好变化等，为企业提供前瞻洞察以确保在绿色转型中保持竞争优势。

学习目标：

○ 了解汽车产业生态转型（如电动车革命）对竞争情报需求的改变、情报在支持可持续创新方面的具体应用。

○ 学习如何构建针对环保和技术创新领域的情报监测体系，以帮助企业识别机遇与风险，制定相应策略。

○ 深刻认识情报职能在传统产业变革过程中的价值，通过案例启发，将类似方法应用到其他行业的转型中。

• **学术报告模块 2：竞争情报在制造业市场决策未来中的作用——以埃塞啤酒业为例**（Academic Module 2—*The Role of Competitive Intelligence in Shaping the Future of Marketing Decision Making in Manufacturing Businesses：A Case Study of Ethiopian Brewery Industries*）

报告人：Samuel Getachew 讲师（埃塞俄比亚亚的斯亚贝巴大学）

简介：本报告以埃塞俄比亚啤酒酿造行业为案例，研究制造型企业市场决策中竞争情报的作用。Getachew 讲师通过行业调查和数据分析，展示情报如何影响营销决策的各个方面，包括新品定位、消费者偏好捕捉、品牌竞争策略等。制造业企业往往面临资源有限、数据匮乏的问题，本研究阐述了在新兴市场情境下，CI 实践如何弥补信息差距，帮助企业制定更有前瞻性的市场策略，从而在竞争中取得优势。

学习目标：

○ 了解在制造业企业中将竞争情报应用于市场营销决策的具体方式和效果，特别是在新兴经济体市场环境下。

○ 探索企业如何通过情报系统收集消费者行为和竞争对手动向的信息，并将其转化为营销行动（如产品创新或广告定位）。

○ 获得关于提升制造行业市场决策质量的启示，认识情报对于市场驱动型战略制定的支撑作用，并思考如何在自身业务中加强这一功能。

16：15—16：30 交流休息

与会者可在此休息时间再次前往展区，与赞助商和演讲嘉宾互动，深入讨论感兴趣的话题。

16：30—17：15 专题主旨演讲：待定

（例如："从情报到影响：情报专业如何引领企业增长"。此环节可能由知名企业情报高管或行业专家发表演讲，总结当天内容并展望未来趋势。）

17：15—17：30 会议日总结

大会主持人总结第一天主要收获和亮点，提醒第二天议程。

18：00—20：00 社交晚宴暨交流酒会

所有与会者受邀参加晚间的欢迎酒会。地点在会议酒店宴会厅，提供自助晚餐和当地特色小吃。轻松的社交环境让与会嘉宾继续拓展人脉，与演讲人和专家近距离交流讨论。展览区域在此期间也开放，赞助商将进行互动展示。

11 月 15 日（星期三）——大会第二天

9：00—9：15 第二天开场致辞

由大会主持人欢迎大家回到会场，简述当日的议程安排。

9：15—10：00 主旨演讲：情报的战略价值（Keynote-*The Strategic Value of Intelligence*）

演讲嘉宾：高管嘉宾（跨国公司战略副总裁或情报总监）

概要：本演讲探讨竞争情报如何在企业战略中发挥核心价值，从支持高层决策到驱动创新增长。嘉宾将结合自身企业案例，说明情报团队如何影响重大投资、并购、市场进入等战略决策，并分享将情报成果量化展示给管理层的经验。该主旨演讲旨在激发情报从业者思考如何进一步提升自身工作的战略意义。

10：00—10：45 小组讨论：情报的伦理与未来（Panel-*Ethics and the Future of CI*）

讨论嘉宾：SCIP 道德准则委员会成员、资深情报经理、学界代表等

简介：小组嘉宾将围绕竞争情报工作的伦理挑战以及未来演进展开讨论。主题包括在大数据与隐私时代如何坚持情报工作的伦理底线［11＋L425—L432］、如何应对 AI 生成内容的可靠性问题，以及情报专业未来可能出现的新角色和新技能要求。该讨论为与会者提供对情报职业发展的反思和指导，强调守正创新并举。

10：45—11：00 茶歇

最后一场分组会议前的休息时间。与会者可享用茶点，做好参与后续环节的准备。

11：00—12：15 分论坛（上午时段，任选其一）

• **分论坛 A：充分发挥行业会议情报的价值（Breakout Session A—Get the Most Mileage & ROI-Best Practices in Event Coverage）**

主讲人：Marc Limacher 和 Yvette Lawal

简介：本论坛分享如何通过最佳实践从行业大会、展会等活动中获取最大情报价值和投资回报（ROI）。Marc Limacher 和 Yvette Lawal 将结合自身丰富经验，讲解在会前制订情报获取计划、会中高效收集竞争对手和行业信息、会后迅速分析并传播成果的方法。他们将提供一个全面的方法论，使情报人员和市场团队能够系统地从活动参与中提炼见解，为产品研发、市场策略提供支持，确保每一次参会都物超所值。

学习目标：

○ 掌握制订会展情报收集计划的要点，包括锁定目标竞争对手和信息需求、设计信息记录模板等，以确保参会目标明确。

○ 学习在会议现场高效获取情报的技巧，例如参观展台的问询策略、与演讲者交流的问答技巧，以及团队分工协作的方法。

○ 了解如何在会后快速整理和评估收集的信息，提炼对公司有意义的情报并及时分享给相关利益相关者，最大化参会 ROI。

• **分论坛 B：市场与 CI 平台的新格局（Breakout Session B—The New Market Landscape for Market and Competitive Intelligence Platforms）**

主讲人：Jesper Ejdling Martell（Comintelli 公司首席执行官）

简介：随着技术的发展，市场和竞争情报平台（M&CI Platforms）生态正在迅速演变。本论坛由 Comintelli 首席执行官 Jesper Martell 主讲，他将介绍当今情报平台市场的新格局，包括最新的工具功能、整合趋势以及用户需求的变化。讲者将分享平台供应商视角和情报实践者视角，对比厂商提供的技术能力与客户在实际应用中遇到的挑战。讨论将涵盖如何管理不同利益相关者的期望、选择适合自己组织的平台，以及平台未来的发展方向。

学习目标：

○ 全面了解当前市场上主流情报平台工具的格局及差异，识别新兴玩家与创新功能，以便在采购或升级情报系统时做出明智决定。

○ 理解情报平台实施中常见的问题和解决方案，掌握在内部推广情报平台、保持利益相关者参与的方法。

○ 从供应商和用户双重视角审视情报平台的未来演进，探讨AI、大数据对平台的影响，以及如何确保平台投资获得最大价值。

学习目标注释：

○ 建立情报平台选型和管理的最佳实践，例如如何评估供应商、衡量 ROI 和推动用户采用度。

○ 确保内部利益相关者全程参与并保持投入，在项目时间线内按期推进，同时结合厂商和实践者的经验教训来完善实施策略。

• **学术报告模块 1：竞争情报与前瞻能力——探索预判与敏捷性的关系**（Academic Module 1—*Investigating the Relationship Between Competitive Intelligence and Foresight as Anticipatory System and Organizational Agility*）

报告人：Dr. Anna Müller（德国波恩大学）

简介：本报告为一项理论与实证并重的研究，探讨竞争情报（CI）与组织敏捷性之间的关系，尤其关注情报作为一种预测预警系统（anticipatory system）的作用。Müller 博士通过调查多家企业的情报实践和战略调整案例，分析高效的 CI 系统如何提升组织对变化的感知和响应速度。报告提出了整合情报与战略前瞻的方法框架，并给出增强组织敏捷性的建议。

学习目标：

○ 理解竞争情报职能如何充当组织的"前哨"，提前捕捉外部变化信号，并通过预警机制提高组织敏捷性。

○ 学习评估情报工作对组织快速响应能力影响的方法，了解关键的衡量指标和改进方向。

○ 探索将 CI 与企业战略前瞻体系相结合的路径，帮助组织建立系统化的预测与应对机制，在动态市场中保持领先。

• **学术报告模块 2：竞争情报对新兴经济体中小企业创新管理的促进作用**（Academic Module 2—*Ameliorating Effect of Competitive Intelligence in SME Innovation Management in Emerging Economies*）

报告人：Dr. Li Na（来自中国对外经济贸易大学）

简介：中小企业（SME）在新兴经济体中经常面临创新资源有限、信息不对称等问题。本报告基于多国案例研究，分析竞争情报如何在这些企业的创新管理中发挥"改善"作用。李博士将介绍情报实践帮助 SME 获取市场技术趋势、寻找合作伙伴、规避风险的实例，展示情报作为"倍增器"如何提高有限资源的利用效率。报告还将提出针对 SME 的情报体系建设模型，旨在增强其在快速发展的经济环境中的创新能力。

学习目标：

○ 了解在新兴市场环境下，中小企业创新面临的特殊挑战，以及竞争情报能够提供的支持类型（例如机会发现、风险预判）。

○ 探究中小企业如何以低成本、高性价比的方式建立情报功能，融入日常管理，从而显著提升创新项目的成功率。

○获得启发，思考如何将情报作为战略工具运用于自身组织的创新过程（无论组织规模大小），以获得更大的竞争优势。

（注：11 月 15 日上午亦有部分主题演讲和讨论与以上分论坛穿插进行，所有学术报告模块与分论坛在相应时段并行举行。）

12：15—13：15 午餐 & 展览交流

提供午餐，与会者在展区用餐并交流。利用这最后一次餐间交流机会，加深与业内同行及厂商代表的联系，了解最新情报产品和服务。

13：15—14：00 闭幕主题演讲——情报专业的未来之路（Closing Keynote—*The Road Ahead for CI Professionals*）

演讲嘉宾：SCIP 全球董事会代表（*Paul Santilli*，SCIP 董事会主席）

概要：大会闭幕演讲将由 SCIP 高层或资深行业专家发表，主题聚焦竞争情报专业的未来发展。演讲将回顾本次 IntelliCon EURO 大会上的主要见解，总结当前竞争情报领域的趋势，并展望未来的机遇与挑战。嘉宾将勉励情报从业者持续学习、坚持道德操守、紧跟技术与方法创新，为各自组织创造更大的战略价值。此演讲为大会画下圆满句点。

14：00—14：15 闭幕致辞

大会主席致闭幕词，感谢所有与会者、演讲嘉宾、赞助商和工作人员的参与和贡献。宣布大会正式闭幕，并期待来年再次相聚。全体与会者合影留念。

14：15 大会结束，离场

在大会结束后，所有注册代表将收到会后资料和接下来 SCIP 活动的信息。感谢您的参与，祝各位返程顺利！

附录二

2024 年 SCIP 美国竞争情报大会：人工智能与竞争情报——情报生态系统中的应用

会议名称：2024 年美国竞争情报大会（INTELLICON US 2024）

会议时间：2024 年 4 月 22—25 日

会议地点：美国纳什维尔

第 1 天：2024 年 4 月 22 日（星期一）——工作坊与开幕

- 08：00—注册报到—参会者签到注册，领取资料和胸牌。随后大会正式开始。

- 08：30—17：00 全日工作坊 A：《CI 基础》（Foundation of CI）—主讲人：David Kalinowski（Proactive Worldwide 总裁兼联合创始人）。这是一场贯穿全天的竞争情报基础培训工作坊，面向希望系统学习 CI 原理的新手和资深人士。

- 08：30—12：00 上午工作坊 B：《拥抱未来：用 AI 变革竞争情报》（Navigating the Future：Transforming CI with AI）—主讲人：Stephanie Hughes（CHN Analytics 首席执行官）。该半天工作坊聚焦人工智能在竞争情报中的应用，探讨如何利用 AI 提升 CI 实践。

- 08：30—12：00 上午工作坊 C：《企业会话式情报：温和引导的艺术》（Corporate Conversational Intelligence：The Art of Gentle Elicitation）—主讲人：Kent Potter 等情报专家（待确

认）。本工作坊教授"温和引导"技巧，即通过对话技巧高效获取情报信息的方法。

- 12：00—13：00 午餐—参会者自由午餐交流时间。

- 13：00—17：00 下午工作坊 D：《人类 vs. 生成式 AI 分析对决》（Human vs. Gen AI Analysis Competition）—主讲人：Dr. Tom T. 和 Austin Fleisher。互动工作坊，通过现场竞赛对比人工分析与生成式 AI 分析的优劣，学习如何将人机优势相结合。

- 13：00—17：00 下午工作坊 E：《情报再造：利用 AI 获取竞争洞察与战略决策》（Intelligence Reimagined：Leveraging AI for Competitive Insights and Strategic Decision-Making）—主讲人：Ricardo Marcão（SIBS 高级项目经理）。探讨将人工智能融入竞争情报，以重新构想情报工作的方法和案例。

- 17：30—19：00 欢迎酒会—在酒店宴会厅举行欢迎招待会。参会者、讲者和赞助商自由交流，为期四天的大会由此拉开帷幕。

（第一天议程以多场深度工作坊为主，会前注册后并行举办多个主题的全日和半日培训，帮助与会者提升实战技能。）

第 2 天：2024 年 4 月 23 日（星期二）——大会开幕与主题演讲

- 09：00—大会欢迎致辞—Paul Santilli（SCIP 首席执行官）发表简短开幕致辞，欢迎全球情报专业人士齐聚纳什维尔。

- 09：15—10：15 全体主题演讲：《C 层愿景：导航未来商业格局》—演讲嘉宾：Richard Sear（Frost & Sullivan 合伙人兼高级副总裁）。他分享高管视角下未来商业环境的趋势和挑战，以及企业如何制定前瞻性的竞争情报战略。

- 10：30—12：00 分组交流—大会分为多个平行专题会议和讨论：

○分会场 A：市场情报现实检视—主持人：Duncan Chapple（市场分析专家）。讨论 2024 年 B2B 市场调研面临的信号噪声挑战，以及提高情报质量的实践方法。

○分会场 B：数据驱动的情报实践—行业专家小组讨论如何利用大数据和实时分析改进竞争情报，分享企业案例和经验。

○学术模块 1：竞争增强情报（CAI）的未来—主讲人：Luís Madureira 博士（竞争情报科学家，SCIP 葡萄牙分会主席）。基于他在学术研究中的发现，阐述"竞争增强情报：CI 的未来及其对情报生态系统的影响"。该报告探讨将人机增强智能应用于 CI 领域的前景（此模块属大会学术研讨环节）。

- 12：00—13：30 午餐 & 联谊—自由用餐，并参观赞助商展区，与供应商和合作伙伴交流最新情报工具和解决方案。

- 13：30—14：15 全体大会案例分享：《顶尖 10％的差异化实践》—分享嘉宾：Victor Knip（Valona Intelligence 企业解决方案主管）。探讨业界表现最优秀的 10％组织在竞争情报和 AI 应用方面"与众不同的做法"，包括最佳实践和实际案例，展示"增强型情报"的成功应用经验。

- 14：30—16：00 分组交流—平行专题会议：

○分会场 C：网络与安全情报—讨论网络安全与竞争情报的交叉，介绍如何监测竞品技术动态和保护企业机密。

○分会场 D：客户与市场洞察—企业情报主管分享如何通过客户调研和市场分析获取有价值的商业洞察，驱动战略决策。

○学术模块 2：情报新兴研究—多位学者发表最新研究摘要（经同行评审的科学论文）。主题涵盖未来预测（Foresight）、集体情报、创新与竞争情报融合等。本环节由科学委员会主席 Jonathan Calof 教授和 Ruben Arcos 博士主持，旨在将学术成果转化为实践。与会者可与研究人员互动，了解前沿理论如何应用于商业情报实践。

- 16：15—17：00 全体主题讨论：情报生态系统的演进—当天下午以圆桌对话形式收尾，由资深情报专家和顾问组成小组，讨论人工智能时代情报生态的演变。观众可提问，深入探讨大会当天主题。

- 18：30—20：30 社交晚宴—正式的社交晚宴，提供晚餐和交流机会。包括趣味问答、赞助商鸣谢等环节，增进全球情报同行间的联系。

（第二天标志着大会正式开幕。上午的主题演讲高屋建瓴，提供战略视角。随后通过多场分论坛、案例分享和学术报告，涵盖市场情报、数据分析、网络安全以及情报学最新研究等丰富议题。）

第 3 天：2024 年 4 月 24 日（星期三）——前沿主题与案例研讨

- 09：00—10：00 全体主题演讲：《竞争增强情报（CAI）：CI 的未来》—演讲嘉宾：Luís Madureira 博士（竞争情报资深专家，SCIP CI Fellow）。他深入解析"竞争增强情报"的概念，展示如何将 AI 与人类智慧相结合，推动竞争情报在企业战略中的创新应用。内容涵盖前沿理论和实战案例，启发与会者思考情报工作的未来走向。

- 10：15—11：45 分组研讨—多场专题研讨会同步进行：

  ○ 专题研讨 A：情报分析的新方法论—由咨询顾问和情报主管讲解在大数据和 AI 时代改进情报分析的方法，包括如何筛选海量信息中的"信号"并排除"噪声"。

○专题研讨 B：竞争对手情报最佳实践—经验交流环节，行业领袖分享制订竞争对手分析计划、情报战案例和"情报胜战卡"（battlecards）的有效技巧，帮助企业赢得市场竞争。

○学术模块 3：学术论文展示与讨论—学术轨的第二部分，多位研究人员展示关于竞争情报的新研究成果。例如商业生态系统中的情报伦理、人工智能在市场预测中的应用等。与会者可就研究内容提问，与学者探讨其商业价值。

- 12：00—13：30 午餐 & 鸡尾酒会—举办午间鸡尾酒交流会，与会者可一边用餐一边结识业内同行和专家讲者。

- 13：30—14：30 全体大会案例研究：《增强型情报的实践案例》—由知名跨国企业的情报负责人分享实战案例。例如某制造业企业如何在 CI 流程中引入 AI，实现市场预测准确率提升；或一家科技公司如何构建竞争情报系统以支持高层战略决策。通过案例剖析，提炼出可借鉴的实践要点。

- 14：45—15：45 分组交流—平行会议继续：

○分会场 E：情报职能的领导力—讨论 CI 团队如何向高管传递价值，培养情报在企业内部的影响力。包括"情报经理的角色进化"和提升情报团队 ROI 的方法。

○分会场 F：区域和全球情报趋势—针对不同区域市场（如北美、欧洲、亚太）的情报趋势展开讨论，了解全球视野下竞争情报专业的发展方向。

○学术模块 4：圆桌对话—学界与业界的融会—学术主持人与业界资深人士对谈，就大会期间提出的新概念和方法进行点评。

例如"竞争增强情报"的学术定义与实践差异、未来研究方向等。加强学术与实务的结合。

- 16：00—17：00 全体主题论坛：情报专业的未来—SCIP 高管主持，与当天的主题演讲嘉宾和部分赞助商代表展开对话，总结 AI 驱动情报的发展机遇和挑战。现场观众参与问答，共同展望情报行业未来一年乃至五年的演进。

- 晚上—自由活动—与会者可自行组织聚餐或探索纳什维尔城市风情。大会进入最后一天前的放松时刻。

（第三天议程侧重前沿主题和案例研讨。从 Luís Madureira 博士的主题演讲开始，深入探讨"人机增强"情报理念。当日的多场专题研讨进一步聚焦具体实务领域，如情报分析方法、情报团队管理和全球趋势。同时，学术模块贯穿其中，使学术研究与企业实践形成良性对话。）

第 4 天：2024 年 4 月 25 日（星期四）——大会收官与成果分享

- 09：00—09：45 全体主题演讲：《顶尖 10％的制胜之道：增强情报的最佳实践》—演讲嘉宾：Victor Knip（Valona Intelligence 企业智能主管）。他总结了行业领先企业成功运用竞争情报和 AI 的经验。内容包括"顶尖 10％企业做对了什么"，通过增强型情报的最佳实践和案例研究，阐释如何将 CI 融入决策以取得卓越成果。

- 10：00—11：15 全体大会研讨：《定性研究的赛博格方法》—主讲人：Chad Hinkle（Proactive Worldwide B2B 客户之声副总监）。这是一个互动研讨环节，Chad 将介绍他首创的"赛博格方法"，即融合人类洞察与人工智能工具（如 Perplexity、Claude 以及 ChatGPT）的定性调研新范式。现场演示这些 AI

工具如何与分析师协作，提升数据搜集与分析效率，并邀请听众参与一个实时研究练习，亲身体验赛博格方法的优势。该环节为 75 分钟，既是对前几天 AI 主题的呼应总结，也是赋予参会者可操作技巧的实训。

- 11：15—11：45 闭幕致辞 & 展望—Paul Santilli（SCIP 首席执行官）和大会组织团队登台致辞，总结四天大会的主要收获和亮点。感谢全体演讲嘉宾、合作伙伴和与会代表的热情参与，特别鸣谢赞助商对于大会成功的支持。随后预告下一次大会（2024 年 12 月在巴塞罗那举行的 IntelliCon 欧洲峰会）并邀请大家积极参与。

- 12：00—大会结束—IntelliCon US 2024 纳什维尔站圆满落幕。会后，注册参会者可通过 SCIP 会员账户线上获取本次大会的演示文稿和资料（访问代码"N@shville123"）。SCIP 还将向与会者发送问卷以收集反馈，不断改进今后的会议体验。

（第四天作为大会最后一天，安排了压轴的主题演讲和综合研讨，对过去几天的内容进行升华总结。Victor Knip 的演讲提供业界标杆实践的洞见，Chad Hinkle 引领现场应用 AI 工具进行情报分析演练，使与会者在离开时掌握切实技巧。闭幕式上，大会主办方回顾了大会成果，强调人工智能与竞争情报融合已成为贯穿整个活动的核心主题。至此，四天的 IntelliCon US 2024 纳什维尔会议顺利结束。）

讲者与主题概览

- Richard Sear—Frost & Sullivan 合伙人兼高级副总裁，资深战略咨询顾问。其主题演讲聚焦高管视角下的未来商业环境，为大会定下战略基调。

- Luís Madureira 博士—国际知名竞争情报专家，SCIP CI Fellow，学术背景深厚。其演讲阐述"竞争增强情报"理念，将学术研究与实际应用相结合。

- Victor Knip—Valona Intelligence 企业解决方案主管，AI 与竞争情报融合领域的实践者。他分享顶尖企业运用 CI 和 AI 的经验教训和成功案例。

- David Kalinowski—Proactive Worldwide 总裁，多年竞争情报培训经验。在工作坊中教授 CI 基础知识，奠定与会者的知识基础。

- Stephanie Hughes—CHN Analytics 首席执行官，数据分析与情报策略专家。她的工作坊探讨如何利用 AI 驱动情报转型。

- Ricardo Marcão—SIBS 国际项目经理，欧洲情报专家。他主持"情报再造"工作坊，分享欧洲在情报数字化方面的心得。

- Dr. Tom T. 与 Austin Fleisher—情报分析资深顾问组合，在"人类 VS AI"工作坊中合作演示人机对抗，凸显人工与 AI 各自优势。

- Chad Hinkle—Proactive Worldwide 高级分析师，专长 B2B 客户洞察。他引入"赛博格方法"将 AI 嵌入定性研究，为情报分析开创新路径。

- （以及其他数十位在分会场和学术模块中发言的专家、学者，如 Duncan Chapple 等，他们共同贡献了丰富的观点。）

大会主要内容要点

- AI×竞争情报成为主线：从主题演讲到各分论坛，AI 在情报工作中的角色反复被强调。大会探讨了如何将生成式 AI 工具与人工分析师相结合，提升情报收集、分析和预测的效率和质量。Luís Madureira 博士的"增强情报"理念和 Chad Hinkle 的"赛博格方法"实践，全面展示了人机协作的潜力。

- 最佳实践与案例分享：多位业界领袖分享了顶尖企业的情报实践，包括构建竞争情报体系、运用数据驱动决策、前瞻性识别市场变化等。例如 Victor Knip 介绍的案例体现了将 AI 融入 CI 所带来的竞争优势。这些经验为参会者提供了可借鉴的操作指南。

- 学术与实务融合：大会特设学术模块（Academic Modules），邀请学者分享最新研究，并与业界对话。例如对"竞争情报生态系统"的学术探讨为实际业务注入了新思路。通过学界和业界的交流，巩固了理论与实践的联系，彰显 SCIP 促进知识共享的使命。

- 互动培训和技能提升：首日的多个深度工作坊以及最后 Chad Hinkle 的互动环节，确保与会者不仅获取理念，更习得技能。从情报入门、访谈技法到 AI 工具实操，各层次内容满足了不同背景参会者的学习需求。

- 网络合作与资源对接：大会提供了充裕的交流机会（欢迎酒会、社交晚宴、午餐会等），并汇聚了众多情报解决方案提供商展示最新工具。参会者借此拓展了行业人脉，了解到丰富的资源，如新软件、平台和服务，可用于优化自身组织的情报功能。

通过四天的议程，IntelliCon US 2024 纳什维尔大会全面展现了"人工智能驱动下竞争情报的动态协同"这一主题。与会者普遍反馈收获良多，不仅洞悉了行业趋势，也带回了实用的方法和方案。大会在热烈的掌声和对下一届盛会的期待中落下帷幕。

附录三

2024 年 SCIP 巴塞罗那智能制造展

1. 活动概览

活动名称：2024 巴塞罗那智能制造展（INTELLICON 2024）

时间：2024 年 12 月 3 日至 5 日

地点：西班牙巴塞罗那

主题："数据驱动的竞争情报与智能生态系统"（Data-Driven Intelligence in CI and the Intelligence EcoSystem）

2. 主要活动形式

主题演讲（Keynote Session）：探讨数据驱动情报和智能生态系统领域的热门话题。

通用会议（General Session）：互动式小型研讨会，包括演示和分组练习。

分会场（Breakout Session）：深入探讨特定主题。

学术模块（Academic Module）：专家讨论数据驱动情报和智能生态系统的前沿话题。

3. 日程安排

第一天（12 月 3 日）

8：00 AM—8：30 AM：注册（地点：Longitude Bar）

8：30 AM—10：00 AM：

工作坊 A：欧洲战略与战略情报的顶级见解（讲师：Joséph H. A. M. Rodenberg）

工作坊 B：无声 HUMINT：专业人士的肢体语言解读（讲师：Kent Bennion Potter，Nancy Potter）

工作坊 C：构建世界级赢/输分析项目的四大支柱（讲师：Tracy Berry）

10：00 AM—10：30 AM：茶歇（地点：Born & Gotic）

10：30 AM—12：30 PM：重复上午的工作坊内容。

12：30 PM—1：30 PM：午餐（地点：Centonze 餐厅）

1：30 PM—3：00 PM：

工作坊 A：重复上午内容。

工作坊 D：如何在 90 天内从零开始构建竞争情报功能（讲师：Tracy Berry）

3：00 PM—3：30 PM：茶歇（地点：Born & Gotic）

3：30 PM—5：30 PM：重复下午的工作坊内容。

5：30 PM—6：30 PM：休息

6：30 PM—7：30 PM：社交招待会（地点：Liceu）

第二天（12 月 4 日）

8：00 AM—8：30 AM：注册（地点：Longitude Bar）

8：30 AM—9：15 AM：欢迎致辞/SCIP 情报联盟现状（演讲者：Paul Santilli）

9：15 AM—9：45 AM：

主题演讲：从零开始实施未来情报（演讲者：Miguel Jiménez）

9：45 AM—10：15 AM：

通用会议：AI 赋能的城市空中交通管理解决方案（演讲者：

Amad Malik)

10：15 AM—10：45 AM：

通用会议：在市场与竞争情报中利用生成式 AI 的最佳实践（演讲者：Tom Gardiner）

10：45 AM—11：15 AM：与参展商茶歇（地点：Born & Gotic）

11：15 AM—12：30 PM：

分会场：被遗忘的竞争情报角落——商品成本情报（演讲者：Tony Nagle）

分会场：成功利用情报平台的秘诀（演讲者：Jesper Martell）

学术模块：评估组织的预见能力（作者：Christophe Bisson）

12：30 PM—1：30 PM：午餐（地点：Centonze 餐厅）

1：30 PM—2：00 PM：

主题演讲：用 AI 驱动创新：将数据转化为新业务、产品和收入流（演讲者：Anselm Bossacoma）

2：00 PM—2：30 PM：

通用会议：理解并应对虚假信息对社会和企业的威胁（演讲者：Ruben Arcos）

2：30 PM—3：00 PM：

通用会议：评估数据驱动经济中的主权陷阱（演讲者：Jean－Louis Terian）

3：00 PM—3：30 PM：与参展商茶歇（地点：Born & Gotic）

3：30 PM—4：45 PM：

分会场：在市场研究领域中区分信号与噪音（演讲者：Duncan Chapple）

分会场：构建和使用指标树以聚焦竞争对手和市场监测（演讲者：Erik Glitman）

学术模块：信息分析的艺术（作者：Andrejs Cekuls）

4：45 PM—5：15 PM：与参展商茶歇（地点：Born & Gotic）

5：30 PM—7：00 PM：SCIP 及合作伙伴颁奖晚宴（地点：Liceu）

第三天（12 月 5 日）

8：00 AM—8：30 AM：注册（地点：Longitude Bar）

8：30 AM—9：00 AM：

主题演讲：如何通过预见行业脆弱性、颠覆、不确定性和地缘政治紧张局势，登上"情报连续体的顶端"（演讲者：Joséph H. A. M. Rodenberg）

9：00 AM—9：30 AM：

通用会议：从情报到零排放创新（演讲者：Paul Santilli, Prerna Mohan）

9：30 AM—10：00 AM：

通用会议：利用 AI 技术栈实现竞争情报和数据驱动洞察（演讲者：Mandhir Dua）

10：00 AM—11：00 AM：与参展商茶歇（地点：Born & Gotic）

11：00 AM—12：15 PM：

分会场：克隆 Enola Holmes：赢得销售和击败竞争对手的竞争情报秘诀（演讲者：Kent Bennion Potter，Nancy Potter）

分会场：情报放大：填补市场进入策略的空白并打动利益相关者（演讲者：Marc Limacher，Cindy Gerber Tomlinson）

学术模块：社交媒体作为竞争情报来源在零售业中的整合（作者：Kagiso Mashego，Nisha Sewdass）

12：15 PM—1：30 PM：午餐（地点：Centonze 餐厅）

1：30 PM—2：00 PM：

通用会议：现在是情报驱动业务决策的时候了（演讲者：Fouad

Benyoub）

2：00 PM—2：30 PM：

通用会议：高效使用竞争情报的在线多领域工具（演讲者：Amir Fleischman）

2：30 PM—3：00 PM：与参展商茶歇（地点：Born & Gotic）

3：00 PM—4：15 PM：

分会场：现代最伟大的竞争情报努力（演讲者：Keith Brooks）

学术模块：征集关键情报和信息需求的四阶段方法（作者：Tumelo Maungwa）

4：15 PM—5：00 PM：

小组讨论：竞争情报与 AI 应用的伦理影响（主持人：Paul Santilli）

5：00 PM—5：30 PM：

闭幕主题演讲 + 书籍分发/调查要求（演讲者：Paul Santilli）

4. 重点内容

战略情报：如何通过战略情报提升组织长期表现。

AI 与竞争情报：生成式 AI 在市场与竞争情报中的应用。

赢/输分析：构建高效赢/输分析项目的框架。

未来情报：从零开始实施未来情报的方法。

商品成本情报：通过竞争情报分析竞争对手的商品成本。

伦理问题：竞争情报与 AI 结合的伦理挑战。

5. 特色环节

互动工作坊：如肢体语言解读、赢/输分析等。

案例分享：AI 赋能的解决方案、虚假信息应对等。

学术讨论：前沿研究与实践结合。